이제 막 시작하는
새파란 신입에게

KB220177

이제 막 시작하는
새파란 신입에게

초판 1쇄 인쇄 2025년 5월 01일
1쇄 발행 2025년 5월 15일

지은이 이철원
총괄기획·대표이사 우세웅

책임편집 정은지
콘텐츠 제작 김세경
경영관리 고은주
북디자인 권수정

종이 페이퍼프라이스㈜
인쇄 ㈜다온피앤피

펴낸곳 슬로디미디어
출판등록 2017년 6월 13일 제25100-2017-000035호
주소 경기 고양시 덕양구 청초로 66, 덕은리버워크 A동 15층 18호
전화 02)493-7780 **팩스** 0303)3442-7780
홈페이지 slodymedia.modoo.at **이메일** wsw2525@gmail.com

ISBN 979-11-6785-263-2 (03190)

40대의 내가, 입사한 20대의 나에게 전하는 진심

이제 막 시작하는 새파란 신입에게

이철원 지음

슬로디미디어

마흔여덟, 2003년 스물일곱에 첫 직장 생활을 시작했으니 신입 시절은 지금으로부터 22년 전이 됩니다.

제법 시간이 흘렀지만, 그때 그 느낌만은 바로 어제 일처럼 선명하네요.

2002년 월드컵으로 온 나라가 시끄럽던 그해, 대학을 졸업했어요. 토익이니 학점이니 준비가 되어있지 않았던 탓에 1년이 넘도록 취업을 못 하고 있었지요. 노환으로 자리에 누우신 할머니를 돌보면서 뒤늦은 토익 공부를 하던 시기였습니다.

그리고 이듬해 여름, 할머니가 돌아가시고 더위가 한풀 꺾이기 시작한 가을쯤, 운 좋게 취업에 성공했어요. 살갑고 헌신적인 손자는 아니었지만, 마지막까지 당신을 돌봐준 것에 대한 할머니의 선물이었을지도 모르겠네요.

회사는 경기도 이천 부발읍에 있었어요. 현대전자가 여러 갈래로 쪼개지면서 반도체 전공정 사업부(설계)는 지금의 하이닉스가 되었고, 후공정 사업부(조립, 테스트)는 미국계 회사가 되었지요. 저는 바로 그 미국계 반도체 회사에 입사해 인사 총무 업무를 맡았습니다.

서울에 살면서 경기도로 출퇴근하게 될지는 생각도 못 했지만, 서울 전역에 출퇴근 셔틀이 있어서 아침잠만 조금 줄이면 그럭저럭 다닐만했습니다. 사실 취업을 영영 못 할 줄 알았는데, '이게 어디냐? 감지덕지, 감사한 마음으로 다녀야지' 싶었지요.

원래 술이 약한 편은 아닌데, 신입사원 환영회에서 대차게 뻗은 흑역사가 먼저 떠오릅니다.

1차로 하이닉스 단지 정문 앞 횟집에서 빈속에 소맥 10잔 정도를 거푸 받아마셨죠. 선배들 숫자대로 받아 마신 셈입니다. 호프집으로 2차를 가서 양주를 섞은 폭탄주를 마시고는 그대로 엎어졌습니다(뒤늦게 전해 듣기로는 맥주에 바카디를 섞었다고 했습니다). 의식은 그대로인데 몸을 움직일 수 없는 상태.

"괜찮아?"

주변의 말이 메아리처럼 들리고, 누군가의 등에 업혀 어디론가 실려 가던 그 상황이 고스란히 기억에 남아있습니다. 지독한 갈증에 눈을 떠보니 낯선 곳이었어요. 무작정 문을 열고 나와 물을 찾아 돌아다녔죠. 복도 끝 정수기에서 물을 받아 마시고는 정신을 차려보니 어느 방에서 나왔는지를 모르겠는 거예요. 러닝셔츠에 바지만 입고 1층부터 4층까지 건물 전체를 돌아다녔어요. 날은 춥고, 취기는 여전하고, 에라 모르겠다 아무 문이나 열고 들어가 "저 신입사원인데요, 방을 잃어버려서….."라고 말하고는 빈 침대에 누워 버렸습니다.

아침이 되자, 한바탕 소동이 일었습니다. 신입사원이 실종됐다며 선배들이 사방팔방 찾아 나선 거예요. 그곳은 다름 아닌 사내 기숙사였습니다.

20년도 더 된 신입사원 때의 일을 생생히 기억하게 만든 웃픈 에피소드랄까요?

그 후 17년간 범 HRM, HRD(조직문화) 분야에서 근무하며 매년 신입사원 교육, 워크숍 등을 도맡아 진행했지요. 익숙해짐, 이것 참 무섭더군요. 신입 시절의 긴장감이나 뭐든 열심히 하겠다는 다짐은 이내 사라지고, 거대한 조직 속의 무의미한 개체로 살아남는 데 만족한 것은 아닌가, 하는 뒤늦은 후회가 들었습니다. '지나고 나면 좋은 기억만 남는다'는 '추억'이라는 때깔 좋은 필터를 최대치로 입혀봐도 아쉬움은 크게 남았죠.

자연스레 20년 전의 신입으로 돌아간다면, 그때의 어리바리 아무엇도 모르던 나를 마주친다면, 붙잡아 놓고 무슨 말을 해 주고 싶을까, 라는 생각이 들었어요.

물론 지금의 내가 그때의 나를 만나 현재 알게 된 것을 상세히 알려준다고 해도 현실의 어려움을 부른 실패나 실수를 얼마나 줄일 수 있을지, 지금의 내가 건네는 조언은 온전하고 쓸모 있는지 확신할 수는 없습니다.

그래도 그때의 나라면 결정적 순간, 뭐가 뭔지 도무지 모르겠는 그 순간, '미래의 나'라는 존재가 '턱' 하니 나타나 '이땐 이렇고 저땐 저런 거니 다시 한번 생각해 보는 게 어때?'라고 말해 준다면 고개를 끄덕이며 곰곰이 생각해 볼 수 있지 않을까, 싶었죠.

그래서 그 조언들을 조금씩 정리해 봤습니다.

우리는 직장인이니까 '직'이라는 단어에 집중해 생각해 보니, 세 가지 의미로 묶을 수 있겠더군요.

첫 번째 직은, **곧을 직**直으로 내가 나 자신으로 곧게 서는 법(정체성)

두 번째 직은, **짤 직**織으로 더불어 함께 일하는 법(팀십)

세 번째 직은, **직무 직**職으로 내 분야에서 프로페셔널하게 자유로워지는 법(전문성)

이렇게 신입이 갖춰야 할 세 가지 직, '신입의 직격'이 탄생했습니다. 어떤가요? 입에 착~하고 붙지 않나요?

　21년 전, 러닝셔츠와 바지 차림으로 기숙사 건물 전체를 오르내리던 어리바리 신입 시절의 나 자신을 다시 만나러 가볼까 합니다.

　자, 같이 떠나볼까요?

저자 이천원

I장

直격 _ Overall
쫄지 마. 그냥 처음 입사하는 것뿐이야

織격 _ Overall
혼자 하는 일이 아니다

直 곧을 — 직

格 격식 — 격

I장

直격
_Overall

쫄지 마.
그냥 처음
입사하는 것뿐이야

신입의 직격, 그 첫 번째 '직'은 바로 '곧을 직直', '나 자신을 제대로 알고 나답게 바로 서는 법'에 대한 이야기야.

생각보다 사람들은 자기 자신을 잘 몰라. 더 심각한 건 그렇다는 사실조차 모른다는 데 있지. 애초에 인간이란 존재가 자기중심적인데, 자라면서 자기 자신을 진지하게 되돌아볼 시간은 좀처럼 허락되지 않았어. 학창시절을 돌이켜보면 금세 이해가 돼. '나는 누구인가?, 뭘 잘하고 못하는가?, 언제 행복한가?'와 같은 내면의 성찰보다는 '어떻게 하면 더 높은 점수를 받아 더 좋은 대학에 진학할 수 있나?' 따위의 극한 경쟁에 내몰려 있었으니까.

그 결과, 우리 사회는, 특히 '회사'라는 이익집단 내에는 차갑고 샤프한 머리를 가졌지만, 마음 한구석이 텅 빈 엘리트들이 즐비해졌는지도 몰라. 그들은 끝내 자기 자신이 어떤 사람인지도 제대로 모르는 상태로 높은 자리에 올라, 그들이 추앙했던 방식으로 결과를 좇고 뭇사람들을 대해왔지.

그들이 그간 이룬 업적은 나름 유효했어. '돈'이 힘이자 권력인 자본주의, 자유 경제 체제의 양극화와 극단적 결과 지향 주의, 인간의 부품화 같은 갖은 부작용을 일으켰지만, 그래도 '양적 성장'이라는 확실한 열매를 손에 쥐었으니까.

그런데 하루아침에 시대가 변해버렸어. 지난 3년여 간의 팬데믹으로 인해 '재택근무'로 대표되는 새로운 형태의 업무 방식을 경험했어. 기술의 급격한 발전으로 생성형 AI와 로봇이 등장했고, 인간과 환경, 지속가능한 성장이라는, 보다 고차원의 가치를 추구하기 시작했지. 고객은 '가치 소비'에 열광하고, 직장인은 '가치 노동'에 새롭게 눈을 떴어.

다시 인간이 중심으로 떠오른 시대가 왔다는 데 이의를 제기할 사람은 없을 거야. 물건의 질과 서비스의 수준은 기본이고, 기업이 추구하는 철학과 존재의 이유 같은 것들이 궁금해졌지. 그리고 마침내 그런 기업을 찾으면 스스로 덕질을 하며 열광하기에 이르렀어.

그 결과, 차가운 머리와 텅 빈 가슴을 가진, 자기밖에 모르는 구시대 엘리트의 유효기간은 사실상 만료된 것으로 보여. 반면 나는 뭘 좋아하고, 뭘 할 때 가슴이 뛰는지, 남이 이미 만들어 놓은 정답이 아닌, 바로 내가 직접 쓴 나만의 대본Self script으로 주체적인 삶을 살고 싶다는 욕구 또한 그 어느 때보다 거세지고 있어.

이런 세상에서 가장 필요한 덕목은 뭘까? 그건 바로 '나를 제대로 아는 일'이야.

지금부터는 '자기 인식'과 '자기 관리', 이 두 가지 키워드를 함께 고민해 볼 거야.

'자기 인식'은 내가 뭘 좋아하고, 뭘 싫어하고, 뭘 잘하고, 뭘 못하는지 내면의 욕구, 기질, 감정과 같은 것들을 경험하고, 인지하고 또 인정하는 일이야. 내가 나를 모른다는 게 말이 되나 싶겠지만 우리가 듣고 겪고 믿어온 것들이 얼마나 주관적으로 왜곡되고 변질될 수 있는지 그 선명한 증거들을 보게 될 거야.

'자기 관리'는 객관적 자기 인식을 전제로 '어떻게 스스로의 생각과 행동을 적절히 컨트롤할 수 있는지'의 영역이야. 이는 궁극적으로는 타인과의 관계를 맺거나 갈등 상황을 해결하는 사회적 관계에 반드시 필요한 단서로 작동하게 돼.

이때 '곧을 직直'이라는 키워드를 탐구하는 여정을 통해서 내가 얼마나 자신에 대해 잘 모르는지, 얼마나 오류투성이인지, 아무리 잘나고 똑똑해도 혼자서 할 수 있는 일이 별로 없다는 다소 엄혹한 진실을 목도하게 될 거야.

그동안 몰랐던 사실을 알게 되는 것부터 변화는 시작되는 법이야. 그동안 타인의 대본에 따라 사느라 잊고 살았던 진짜 나를 찾는 일, 내가 누구인지 정확히 인지하고 바르게 서는 일, 비로소 내 대본을 쓰고 그에 따라 주체적으로 살아가려는 연습을 지금부터 시작해 보자고.

책임감
: 이기주의자 되기

나는 이기적인 사람이야. 과거에도 그랬고 지금도 그렇고 앞으로도 그럴 거야.

3대 독자 집안의 장남으로 태어났는데, 자영업을 하시는 부모님을 대신해 할머니 손에서 자랐지. 받는 게 당연했고 베푸는 데 인색했어. 대학생이 돼서도 여전했어. 3년 넘게 과외를 했는데, 그 당시 대학생치고 꽤 큰돈을 벌고 있었지만, 동생들에게 용돈 한 푼 쥐여 준 적이 없어.

철이 들고 각자 가정을 이루고 마흔이 된 어느 해, 명절에 모인 동생들이 그러더라고. 서운했다고. 자기밖에 모르는 인간이라 미웠다고. 자라면서 그런 일들이 수두룩했다고.

나는 꽤나 큰 충격을 받았어. 어쩐지 자라면서 나만 빼고 자기들끼리 속닥거리는 일이 잦다 싶었지만, 설마 그 정도의 원망을 품고 있었을지 짐작도 못했으니까.

대학 때도 아웃사이더에 가까웠고 회사에 입사해서도 나를 잘 모르는 상태로 회사를 다녔어. 입사 3년쯤 되었을 무렵에야 겨우 친해진 몇몇 동료, 선배들이 술자리에서 그러더군.

"너 진짜 처음에는 건방지다고 생각했어. 마주쳐도 인사도 없고. 뭐 저런 녀석이 다 있나 싶었지."
"표정도 늘 화난 사람처럼 딱딱하고, 언제 한번 혼내줘야겠다 벼르고 있었는데….”

지극히 내향적인 성격 탓에 사람들과 친해지지 못한다고만 생각했지, 이렇게 비호감에 독불장군 이미지로 여러 사람에게 불쾌감을 주고 있을지는 꿈에도 몰랐어. 역시나 충격을 받았지.

"그래도 오래 알고 보니까 꽤 괜찮은 놈이더라.”

다행히 '… 그리하여 행복하게 잘 살았습니다' 식의 해피엔딩으로 마무리되었지만, 지금 생각해 보면 무려 3년씩이나 나에 대한 타인의 불편한 시선을 까맣게 모르고 지냈다고 생각하니 소름이 돋고 식은땀이 흐르지 뭐야.

누구나 자신만의 우주가 있어. 그곳에서는 무엇보다 내가 먼저고 중심은 바로 나 자신이지. 자기중심, 더 나아가 '이기주의'는 어쩌면 생존을 위한 원초적 본능에 가까운지도 몰라.

그나마 다행인 건, 선천적으로 공감 능력과 양심이 결여되어 교화의 여지조차 없는 종족은 아니었다는 점이야.

일반적으로 변화는 무언가 결정적인 계기가 있을 때 시작돼. 동생과 회사 동료들로부터 받은 충격은 '이전의 나'에게 일종의 균열을 일으켰고, '앞으로는 어떻게 살아야 하는가?' 하는 고민을 시작한 계기가 되기에 충분했지.

그렇다면 모두가 이기주의를 버리고 완전한 이타주의자가 되어야 할까?

이기심, 자기중심적 사고는 무조건 나쁘고, 조건 없는 희생만이 삶을 풍요롭게 하는 유일한 가치일까? 글쎄, 그런 생각에도 동의할 수 없어. 자기 자신을 단단히 하고 일으켜 세우는 자존감이라는 본질에서 어느 정도의 자기중심적 사고와 이기심은 반드시 필요하다고 믿기 때문이야. 내가 행복하지 않은데, 타인의 행복을 바란다는 말만큼 공허한 위선이 또 있을까?

무엇보다 분명한 건 이전의 나밖에 모르던 '이기주의자'에서 벗어나고 싶어졌다는 거야. 자기만 좋으면 그만인 극단적인 이기주의는 반드시 그 주변은 물론, 자기 자신마저 황폐하게 만들 뿐이니까. 혼자 살겠다고 설칠수록 다 같이 죽는 'Lose-Lose 게임'이

될 수밖에 없어.

그 자명한 진리를 깨달은 순간, 결심했어. 철저한 이기주의자
가 되기로. 하지만 나만 아는, 내 이익만 챙기려는 이利기주의가
아니라 모든 것이 나로부터 시작한다는 의미의 '이以기주의자'로
말이야.

성과도 실패도 모두 나로부터 비롯된다는 생각이야말로 자신
의 주체성과 타인과의 관계까지를 건강하게 보듬는, 보다 고차원
적인 정신세계라고 믿게 됐어.

이利기주의자에서 이以기주의자로

'내 탓이로소이다'

자동차 대시보드 위에서나 종종 불법한 종교 문구 같지만, 관계
에 있어 이처럼 많은 걸 함축하고 있는 문장은 없다고 생각해.

어떤 관계든 무난하게 유지하고 싶다면, 누구나 자기중심적인
면모를 갖고 있고, 나 역시 크게 다르지 않다는 사실을 먼저 인정
할 필요가 있어. 자신의 내면을 객관적으로 돌아보려는 사람과 그
렇지 않은 사람은 시간이 흐를수록 관계에서 만들어지는 평판에
큰 차이를 보일 수밖에 없기 때문이야. 전자는 매사 조심하고 스
스로의 언행을 되짚는 노력을 잊지 않겠지만, 후자는 그럴 필요

자체를 아예 못 느낄 테니 본성대로 살아가다 언젠가는 큰 낭패를 볼 가능성이 커. 그렇다고 나 자신을 모두 버리라는 말도 아니야. 내가 중심인, 건강한 개인주의와는 또 달라.

자, 여기 이런 리더가 있어. 팀에 성과가 생겼을 때는 뒤로 물러서서 모든 공을 부하직원들에게 돌리지만, 반대로 나쁜 결과가 나왔을 때는 먼저 앞으로 나서서 책임을 자처하지. 공功이든 실失이든 모든 것은 리더인 나로부터 시작된다는 마인드를 가진 사람이야.

때에 따라 이리저리 변하지 않고 일관되게 이런 태도를 유지한다면, 이 사람은 조직에서 어떤 대우를 받을까? 성과는 묻히고 책임은 커질 테니 무능력한 사람으로 낙인찍힐까? 얕은 생각으로는 그럴 것 같지만, 오랜 시간에 걸쳐 축적되는 평판은 그리 간단치 않아.

반대로 공은 자기가 챙기고, 실은 누군가에게 떠넘기기 바쁜 리더는 어떨까? 당장은 눈앞의 이익을 취하고 승승장구하는 것처럼 보이지만, 누구나 눈이 있고 귀가 있어. 그 행적들이 하나하나 쌓여 결국 '저밖에 모르고 주변 사람을 이용하거나 희생시키는 이기주의자'라는 평판을 듣게 될 테니 결국 지는 게임을 하게 되는 셈이야.

동화적 결말인 '권선징악'이 인간관계에서 종종 현실화되는 이유, 긴 호흡으로 인생을 보면 '~ 때문에'가 아니라 '~에도 불구하고'라는 마인드가 더 유효하다는 사실을 깨닫게 돼.

모든 것은 나로부터 시작한다는 이기주의자가 되는 일, 지고
도 이기는 길이라고 할 수 있지.

어떤 관계든 일방적이어선 오래 갈 수 없어

우리는 은연중 타인은 물론 인격이 없는 대상에도 책임을 돌리
는 일에 익숙해.

흔히 "옷이 작아졌다"라고 말하지. 그런데 조금만 생각해 보면
사실 옷이 작아진 게 아니라 내가 커진 거잖아? 결국 "내가 커졌
어"라고 하는 게 맞다는 거지. 옷은 죄가 없어. 그 사이즈 그대로
거든(물론, 세탁을 잘못해서 옷 자체가 줄어드는 일도 있을 수 있지만
그런 특수성은 제외하자고)

"실패나 고난을 맞닥뜨렸을 때, 불평불만을 늘어놓거나 세상을 삐딱
하게 바라보며 남을 질투하는 것만큼 초라한 일도 없다."

교세라의 창업자이자 세계적인 경영 구루로 알려진 이나모리
가즈오는 남 탓하기 좋아하는 인간의 본성을 이미 꿰뚫고 있었던
모양이야. 이들은 단순히 불편한 분위기를 조성하는 걸 넘어 실제
업무 현장에서도 동료들의 에너지를 뺏고, 결국 'Win-Win'이 아
닌 'Lose-Lose' 하는 방향으로 유도하는 '썩은 사과'가 된다고 강
력히 경고하고 있어.

부부, 연인 간에는 '칼로 물베기'라고 하는 다툼이 흔해.

"너만 안 만났으면….."
"너 때문에 되는 일이 하나도 없어!"

이런 식의 날 선 말들이 오간다면 관계가 삐걱거리는 심각한 시그널로 봐야 해. 손뼉도 마주쳐야 소리가 난다고, '관계'란 쌍방의 의지로 만들어지고 유지된다는 진리를 망각이라도 한 것일까? 아니면 알지만 일부러 외면하는 것일까?

어떤 관계든 상대방 탓을 하기 시작하는 순간, 관계는 급속히 무너지게 되어 있어. 어떻게 모든 잘못이 어느 한쪽의 일방적인 잘못일 수 있을까? 서로 좋아서 마음이 통했고, 특별한 사이로 가까워지게 된 관계도 그런데, 하물며 서로 모르던 사람들이 만나 공적인 이유로 맺어진 회사에서의 관계라면 어떨까?

문제는 스스로를 단 하나의 허점도 없이 완벽한 존재라고 착각하는 경우야. 그게 다 객관적 자기 인식이 안 된다는 방증이기도 하지. 누군가 용기를 내서 그렇지 않다는 사실을 지적해 주더라도, 자기객관화가 안 되어 있으니 오히려 상대를 이상한 사람으로 몰거나 더욱더 자기방어적으로 변하기 쉽다는 사실을 알아야 해.

그래서 나를 주체적으로 똑바로 세우기 위해서는 먼저 내가 어떤 사람인지를 제대로 알아야 하지. 세상 모든 관계는 쌍방으로 이루어진다는 진리를 안다면, 삼키기에 쓰고 듣기 고통스럽더라도 주변인들에게 내가 어떤 사람으로 보이는지 지속적으로 묻고, 시간을 들여 정말 그런지 생각할 시간이 반드시 필요해.

자기객관화

: 절대 실패 없는 '5149 법칙'

나는 꽤나 자의식이 높은 사람이었어. 객관적으로 최고 스펙을 가진 것도 아니고, 보이지 않는 능력을 입증할 결과물을 가진 것도 아니었지만, 2~30대의 나는 근거를 알 수 없는 자신감으로 스스로에게는 관대하고, 타인에게는 엄격한 잣대를 들이대는 '자기 과대화'에 빠져 있었어.

그런 생각이 깨진 건 40대에 들어서면서부터였어. 결정적 계기는 박완서 소설 『그 많던 싱아는 누가 먹었을까』 때문이었지. 작가의 말, 그러니까 서문에 이런 말이 쓰여 있더라고.

"나이를 먹을수록 지난 시간을 공유한 가족이나 친구들과 과거를 더듬는 얘기를 하는 경우가 많은데, 그럴 때마다 같은 일에 대한 기억이 서로 얼마나 다른지 놀라면서 기억이라는 것도 결국 각자의 상상력일 따름이라는 것을 깨닫게 된다."

『그 많던 싱아는 누가 먹었을까』의 서문 중

그 대목을 읽고 잠시 생각에 잠겼어. 비슷한 경험이 있었기 때문이야.

고등학생 때의 일이야. 매일 아침 함께 등교하던 친구와 사소한 일로 다투고는 틀어져서 무려 1년 만에 화해한 일이 있었어.

40대 중년이 되어 만난 자리에서 우연히 그날의 이야기가 나왔는데, 서로의 기억이 완전히 달라 깜짝 놀랐어. 같은 사건을 두고 두 당사자의 기억이 이렇게 다를 수 있다니. 재밌는 건 큰 틀에서의 사실관계는 일치하지만 디테일이 서로 달랐다는 점이야.

그날의 내 기억은 무척 선명히 남아있던 터라 구체적인 상황을 하나하나 짚으며 사실관계를 따졌는데, 그 친구 역시 자신의 기억이 맞다고 대응하는 바람에 한참 실랑이가 이어졌지. 결국 내 기억이 더 진실에 가까운 것으로 결론이 났지만, 한편으로는 두렵더라고. 나 역시 얼마나 많은 잘못된 기억을 진실로 알고 살아가고 있을까, 싶어서 말이야.

이처럼 인간은 완벽할 수 없고, 때때로 왜곡된 기억을 사실처럼 알고 살아간다는 것을 인정할 수밖에 없었지.

어쩌면 눈과 귀를 닫고 오직 '나만이 정답이다!'를 외치는 꼰대들이 사회 곳곳에 넘쳐나는 이유는 자신이 틀릴 수도 있다는 가능성 자체를 인정하지 않거나, 아예 모른 채로 나이가 들고, 그 상태로 운 좋게 높은 자리에 오른 이들이 꽤 많기 때문이 아닐까, 싶더라고.

머리는 좋지만 진심으로 자기 자신과 상대를 이해하지 못하는 헛똑똑이들 말이야.

"책 한 권만 읽은 사람이 신념을 가질 때 제일 무섭다."

심리학 용어로는 '더닝-크루거 효과Dunning-Kruger effect' 혹은 '메타인지Metacognition'라고 하지. 자신이 무엇을 모르는지조차 모르는 '절대 무지'의 상태일 때 인간은 용감해질 수 있지.

문제는 근자감에 도취된 나머지 제자리에 머물거나 오히려 퇴보할 가능성이 크다는 점이야. 대체로 인간은 현재의 자신을 완성형으로 생각하는 경향이 있는 것 같아. '지금까지의 지식과 경험만으로도 충분하다거나 적어도 부족하지는 않다'라는 착각에 빠진 사람이 많을수록, 건강한 소통과 건전한 비판을 통한 상호 발전이 일어날 가능성은 갈수록 줄어들 테지. 이는 개인이라는 지엽적인 문제가 아닌, 조직, 사회 전체의 문제로 커질 수 있다는 말이기도 해.

어쩌면 대학 졸업만으로 마치 세상을 다 산 것 같고, 심지어 달관했다고까지 여기는 허세쟁이들이 신입 속에 섞여 있을지도 몰라. '익은 벼일수록 고개를 숙인다'는 속담을 새삼 깊이 새겨야 할 이유야.

5149 법칙

'51의 비율로 확신하고 49의 비율로 가능성을 열어 두라'는 의미야.

자신에 대한 확고한 신념, 의지, 자신감, 자존감 따위를 잃지 않는 구심력, 변화하는 외부 세계에 대해 신속하고 유연성 있게 대처하는 원심력의 균형을 유지하는 일이기도 해.

우리는 예외 없이 불완전한 존재야. 죽을 때까지 완전함을 추구할 수는 있어도, 결코 100%에 도달할 수는 없어. 이를 '점근선의 법칙(100%에 무한히 점진적으로 다가가지만 이르지 못한다는 의미)'이라고도 하지. 스스로 완벽주의자라 일컫는 사람치고 완벽 근처에도 못 가는 사람들은 수두룩해. 책 한 권만 읽고 세상의 모든 것을 다 아는 듯 떠들어봤자 빈 수레가 요란하다는 핀잔이나 들을 뿐이야.

신입다움을 강요할 생각은 없지만, 지금 이 시점이야말로 '더닝-크루거 효과'에서 가장 거리가 먼 시기이기도 해. 뭘 모른다는 사실을 있는 그대로 받아들이고, 나를 제외한 모두의 눈치를 살피며 잔뜩 몸을 낮추고 있을 테니 말이야.

다만, 시간이 흘러 어느 정도 환경과 일에 익숙해졌을 때, '내가 고작 이거 하려고 여기 왔나'라는 허무함, 자괴감 따위의 부정적인 감정이 몰려들지도 몰라. 조직의 논리, 전통이란 명분을 내세워 뭔가 불합리하고 비효율적인 규칙과 패턴이 보이기도 할 테고, '그 때 나라면 저렇게 안 할 텐데' 싶은 순간이 오기 마련이야.

직장 생활의 흑역사는 대개 그 시점에서 생기더라고. 일종의 '신입 사춘기'랄까? 정도가 심해지면 회사를 그만두고 이직을 시도하기도 하고, 괜한 매너리즘에 빠져 어딘가 나사 하나가 어긋난 모습을 보였다가 된통 꾸지람을 듣고서야 원상 복귀되는 경우도 많지.

그래도 괜찮아. 신입이니까. 인생이 그래. 아무리 바라던 무언가를 이뤄도 그 순간이 지나면 무덤덤해지고, 말할 수 없이 견디기 힘든 일이 생겨도 지나고 나면 또 아무것도 아닌 게 되고 그렇더라고. 지금 아는 것이 전부가 아니고, 평생 배워야 할 것이 무궁무진하다는 진리만 잊지 않는다면 이때쯤 좌충우돌해도 괜찮아.

다만 '5149 법칙'은 잊지 말라고. 51로 확신은 하되, 언제나 49 의 가능성은 열어두고 스스로를 돌아보는 일 말이야.

나를 알고 적을 알면 정말 지지 않을까?

'지피지기면 백전백승'

'적을 알고 나를 알면 절대 지지 않는다'는 의미로 널리 쓰이지만, 실은 잘못 알려진 격언 중 하나야. 원래는 '지피지기면 백전불태知彼知己 百戰不殆', '적을 알고 나를 알면 다만 쉽게 위태로워지지 않는다'라는 『손자병법』의 격언이지. 무슨 이유인지는 모르겠지만 부분적으로 와전되어 쓰이고 있는 셈이지.

어쩐지…. 상식적으로 자기 자신과 적을 잘 안다는 사실만으로 전쟁에서 100% 승리를 장담할 리가 없잖아? "아니, 백전백승이나 백전불태나 나를 알고 상대를 제대로 알아야 한다는 조언이 핵심 아닙니까?"라며 대수롭잖게 여기는 태도는 조금 곤란해. 결정적 차이를 만드는 건 결국 디테일이니까.

'알아야 면장을 한다'라는 격언 역시 마찬가지야. 우리는 이 격언에 나오는 '면장'을 작은 지역의 장長인 '면장'으로 알고 있어. '많이 배워야 면장이라도 해 먹는다'라는 뜻으로 알고 있지. 그런데 사실 면장은 그 면장이 아니야.

면할 면免, 가로막을 장障
: 많이 배워야 눈앞을 가로막는 담장 같은 깜깜함을 면할 수 있다

이런 뜻이지. 결국 두 사례 모두 일부 사실과 불명확한 정보를 조합해 어떤 메시지를 전한다는 공통점이 있는데, 과정이야 어떻든 결과만 좋으면 그만이라는 결과주의와도 맞닿아 있어서 이런 식의 왜곡된 정보가 얼마나 더 양산될지 알 수 없어.

모든 사안을 세세하게 가려내, 작은 것 하나까지 진위를 가리며 살 수는 없겠지만, 어떤 의도를 가진 교묘한 왜곡이 우리 삶에

어떤 영향을 끼칠지 경계하고 의심해 볼 필요는 분명히 있다고 생각해.

혹여 있을지 모를 부정적인 영향의 가능성을 최소화하려면, '내가 아는 것이 전부일까?', '널리 알려진 항간의 이야기가 얼마나 진실일까?', '어떤 문제에 대한 단 하나의 정답이 있을 수 있을까?'를 충분히 의심해 보는 습관을 갖는 것이 무엇보다 중요해.

그런 경계만으로도 인간은 스스로는 물론, 자신이 몸담은 조직 전체를 선택된 진실 혹은 왜곡된 사실 속에 빠트려 위태롭지 않게 만들 수 있다고 믿어.

알지? 지피지기면 백전불태야.

감정 관리
: 출근 후 5분,
감정 근육 키우기의 쓸모

"당신은 감정적인 사람이군요."

이런 말을 들으면 당장 어떤 생각이 들까? 아마도 긍정의 의미
는 아니라고 생각할 테지. 특히 회사에서 리더들에게 이런 이야기
를 했다간 대번에 얼굴을 찡그리며 불쾌하게 여길 가능성이 높아.

17년간의 직장 생활 동안 접했던 리더들은 대체로 비슷했어.
고위직일수록 하나같이 스스로를 대단히 이성적이고 스마트한 사
람으로 여기거나, 적어도 그렇게 되고 싶다는 의지를 감추지 않았
지. 이에 반해 모나지 않은 인간성, 부하직원과의 정서적 교감을
자신의 강점으로 말하는 리더는 극히 드물었어.

한때 내가 모셨던 대표는 "나는 공돌이 출신이라 감정이 메마
른 사람이야."라고 노골적으로 말하면서도 부끄러움이 없었어.

그런 고백의 이면엔 '나는 명문대 출신으로 지극히 이성적이고 스마트한 두뇌, 그리고 판단력을 가진 엘리트'라는 은근한 과시가 엿보였지.

그래서일까? 막말과 인격 모독을 일삼지만, 뛰어난 지능으로 포장된 이들이 이 시대의 엘리트로 추앙받아왔지.

재밌는 사실은 감성 역시 이성과 마찬가지로 지능의 한 종류라는 점이야. 감성 지능EQ이 높은 사람은 감정 관리에 능하고, 이를 토대로 타인에게 감정을 이입해 관계를 맺는 일에 탁월한 편이야.

심리학, 뇌과학 등 인간의 감정을 연구하는 학자들은 "인간은 의사결정을 할 때 과거를 되짚어 비슷한 경험을 기억에서 끌어오고, 당시의 감정 상태를 포함한 모든 정황 요소를 복합적으로 고려한다. 이 메커니즘을 감안하면 감정 없이 이성적 판단을 하는 일은 사실상 불가능에 가깝다."고 주장하고 있어.

특히 감성 지능 연구의 권위자인 대니얼 골먼Daniel Goleman은 "감성 없는 이성은 까막눈이나 다름없다."라고 단언했지.

만약 그런 일이 가능한 사람이 정말로 있다면 '인간 AI'가 등장한 셈이지. 뉴스에 나올 일이야. 사정이 이런 데도 우리네 리더들은 왜 이성 지능에 대해서는 관대하고, 감성 지능에 대해서는 이토록 무지한 데다 무감각한 것일까?

심리학에서 인간의 기본 감정은 '기쁨, 놀라움, 슬픔, 두려움, 역겨움, 분노' 이렇게 6가지로 분류돼. 물론 이게 전부는 아니고 인간이 가진 무수한 세부 감정의 모체로 의미가 있어.

감정 연구의 권위자이자 『감정은 어떻게 만들어지는가』의 저자, 리사 펠드먼 배럿Lisa Feldman Barrett과 『감정의 발견』의 저자, 마크 브래킷Marc Brackett은 감정을 '유쾌'와 '불쾌', '역동'과 '침체'라는 두 축으로 '감정 입자도'를 분류하고, 이를 도표로 그려 '무드 미터mood meter'라는 도표를 만들어 냈어.

격분한	공황에 빠진	스트레스 받는	초조한	충격받은	놀란	긍정적인	흥겨운	아주 신나는	황홀한
격노한	몹시 화가 난	좌절한	신경이 날카로운	망연 자실한	들뜬	쾌활한	동기 부여된	영감을 받은	의기 양양한
약이 오른	겁먹은	화난	초조한	안절부절 못하는	기운이 넘치는	활발한	흥분한	낙관적인	열광하는
불안한	우려하는	근심하는	짜증나는	거슬리는	흐뭇한	집중하는	행복한	자랑 스러운	짜릿한
불쾌한	골치 아픈	염려하는	마음이 불편한	언짢은	유쾌한	기쁜	희망 찬	재미있는	더없이 행복한
역겨운	침울한	실망 스러운	의욕 없는	냉담한	속 편한	태평한	자족하는	다정한	충만한
비관적인	시무룩한	낙담한	슬픈	지루한	평온한	안전한	만족 스러운	감사하는	감동적인
소외된	비참한	쓸쓸한	기죽은	피곤한	여유로운	차분한	편안한	축복받은	안정적인
의기 소침한	우울한	뚱한	기진 맥진한	지친	한가로운	생각에 잠긴	평화로운	편한	근심 걱정 없는
절망한	가망 없는	고독한	소모된	진이 빠진	나른한	흐뭇한	고요한	안락한	침착한

에너지 높음 ↑ 에너지 낮음 ↓

← 쾌적함 낮음 → ← 쾌적함 높음 →

그림과 같이 이렇게나 많은 감정의 이름이 있다니 '무드 미터'를 처음 접했을 때 내심 놀랐지. 나 역시 지극히 자기중심적인 사람으로 내 감정에 대해 디테일하게 알지도 또 알려고 하지도 않았으니까.

자신을 제대로 안다는 건, 내 감정이 무엇인지 정확히 이름 붙일 수 있다는 뜻이기도 해. 감정의 해상도를 높이는 것이지. 예컨대 '짜증 난다'와 같이 뭉뚱그려진 부정적인 표현만으로는 건강한 관계를 만들고 유지해 나가기 쉽지 않아. 화가 난 건지, 실망한 건지, 두려운 건지 더 세부적인 진짜 감정이 그 안에 들어있기 때문이야. 자신의 감정에 디테일해질수록 내 기질과 욕망 등 내면에 대해 보다 정확히 알게 되고 적절히 대처할 수 있게 된다는 의미이기도 하지.

이런 지능이야말로 오늘날 변화하는 환경에 무엇보다 필요한 무기가 아닐까?

감정적이어도 괜찮아

그동안 우리 사회는 이성 지능에 광적으로 집착해 왔어. 굳건한 '학벌주의'야말로 우리 사회가 여전히 '극단적 이성 중심의 사회'라는 명백한 증거야. 학창 시절 주요과목이라는 이유로 매달렸던 '국영수탐'은 이성 지능을 구성하는 '언어 지능', '논리수학 지능'의 또 다른 표현이야.

'근면 성실'한 태도로 이미 주어진 정답을 빠르게 습득하고, 질문에 적절한 답을 찾아내는 능력, 즉 높은 이성 지능은 '입시'라는 첫 관문을 통과한 이들에게 '엘리트'라는 위치를 주저 없이 부여해왔어.

일류대학을 나온 전형적인 엘리트들은 높은 IQ와 특유의 성실성, 집중력, 정답을 빠른 시간에 찾아내는 능력으로 사회 발전에 큰 역할을 해왔지. 특히 근면 성실, 생산성과 효율성을 앞세운 제조업 중심의 비즈니스 환경에서 그 조합은 찰떡궁합에 가까웠어. 그들의 혁혁한 공을 누가 부인할 수 있을까?

문제는 판이 바뀌었다는 거야. AI니 플랫폼 비즈니스니 빅데이터니 이전에는 한 번도 상상해 보지 못했던 새로운 생태계가 만들어지고, 날마다 새로운 경험이 쏟아지다시피 하는 세상이 됐지.

'내가 살고 싶은 세상을 상상하고 그것을 이루기 위해 무엇이 필요할까?'와 같은 질문을 던지며, 이전에 없던 것을 만들어 내고, 실패를 두려워하지 않고 도전하는 일, 그러기 위해 나 자신은 뭘 원하는지, 다른 사람들은 언제 행복을 느끼는지, 그 입장에서 충분히 공감하고 이해할 수 있어야 최소한 살아남는 세상이 됐어.

지적 산업사회이자 가치 소비의 시대로의 전환을 맞아 그 이전 세계에서 마치 종교와도 같이 맹목적으로 추앙받았던 이성 지능 중심 엘리트의 프로파일은 여전히 유효할까?

우리는 다시 인간 중심으로 돌아갈 수밖에 없고, 그러려면 가장 먼저 내면에 생기는 감정에 대해 디테일하게 캐치하는 능력이 무엇보다 필요해.

직장에서 일에 치이고 이런저런 인간관계를 겪다 보면, 내 감정이 지금 어떤 상태인지 들여다볼 물리적, 정서적 여유를 갖지 못하고, 감정 입자도는 점차 불투명해져서 나조차도 알아보지 못하는 지경으로 악화된다는 사실도 알게 됐지.

어쩌면 타인과 관계를 맺는 데 있어 생기는 각종 문제, 예컨대 내 의도와는 다르게 상대가 받아들여 예기치 못한 오해가 생기는 일들이 어쩌면 나조차도 잘 모르는 내면에서 기인한 것은 아닐까, 하는 의심도 들어.

유일한 해결책은 내 감정을 잘 들여다보고 세밀하게 파악한 후 상대의 기분 역시 같은 방법으로 알아내는 능력을 기르는 것뿐이야.

그렇다고 이성 지능이 필요 없다는 뜻은 아니야. 다만 극단적인 쏠림에서 벗어나 감성과 이성간의 균형을 갖춰야 한다는 말이야. 감정적이어도 괜찮다는 말이지.

감정 해상도 높이기

"나는 도무지 감성 같은 건 없는 사람인데 어떡합니까?"

괜찮아. 다행히 감성 지능, 공감 능력은 연습하면 얼마든지 좋아질 수 있는 영역이기 때문이야. 대뇌 기능 이상으로 아예 공감 능력 자체가 없는 문제적 종족만 아니라면 얼마든지 학습이 가능해.

가장 효과적인 방법은 바로 '마음 관리'야. 눈을 감고 가만히 내면을 들여다보는 명상의 효능은 이미 입증된 지 오래야. 명상이라고 하니 거창해 보이지만 별거 없어.

앞서 소개한 '무드 미터'를 활용하는 것도 방법이야. 일단 이미지를 출력해서 책상 앞에 붙여 놓자. 매일 출근 뒤 자리에 앉으면 자연히 시선이 가고, 지금의 내 감정은 어디쯤 있는지 눈으로 확인할 수 있지. 그다음 가만히 눈을 감고 내면에 집중해 보는 거야.

아침나절의 감정은 대체로 평온해. 출근할 때 특별한 사건, 사고, 신경을 긁을만한 헤프닝이 없었다면 정중동 상태에 머물지. 감정의 시작점이 중요한 이유는 내 감정이 어느 지점에서 출발해서 어떤 방향으로 이동하는지 알 수 있기 때문이야.

출근 시점 고요했던 내 감정이 왜, 어떻게 변해가는지, 또 그 지점에서의 내 감정은 무엇인지 비교적 정확히 알 수 있게 돼. 매일 이 과정을 반복하게 되면 내 감정의 해상도는 자연히 높아질 수밖에.

나 자신을 정확히 알아야 타인의 것에도 보다 손쉽게 정확하게 접근할 수 있어. 제대로 알아야 효과적인 대응도 가능해지지.

자신의 감정조차 정확히 모르는 사람들, 인간의 판단은 반드시 과거 비슷한 경험에서 겪은 감정에 의해 움직이고 결정된다는 진리를 모르는 사람들, 이들이야말로 자신은 지극히 이성적인 사람이라는 대단한 착각 속에 함부로 행동할 가능성이 높은 부류들이야.

　감정에 휘둘리면서도 스스로를 매우 이성적이라 착각하는 사람이 어떤 힘을 가진 자리에 올랐을 때, 전후좌우 인간관계는 파탄으로 치달을 가능성이 높아져.

　인간은 어디까지나 감정적 동물이며, 감성 지능은 기분, 기질, 동기, 욕망 등 자신의 내면을 보다 정확하고 디테일하게 들여다볼수록 강화된다는 사실을 잊지 마.

자존감
: 모욕감에 웃으며 대처하는 법

"여러분과 저의 가장 큰 차이가 뭔지 압니까?"

모 대기업 신입사원 입문 교육 시간, 이 회사의 전무가 물었어.

"연봉이요."
"직위요."
"경험이요."

전무는 만면에 잔잔한 웃음을 머금고 진지하게 경청하더니 이렇게 답했어.

"그건 바로… 모욕의 총량이에요."

"모욕의 총량이요?"

"얼마나 많은 모욕을 견뎌왔는가, 그 차이입니다."

이 이야기를 처음 전해 들었을 때는 꽤나 신선했어. 뻔한 답은 아니었으니까. 생각지도 못한 '모욕!'이라니.

그 후 이 이야기가 종종 떠오를 때면 뭔가 잘못됐다 싶은 거야. 회사라는 조직은 모욕이 일상이고, 그걸 견뎌내야만 승진해서 팀 장도 하고, 임원도 될 수 있다는 불편한 전제를 담고 있는 듯해서 야. 그게 사실이라면, 전무씩이나 돼서 아직도 조직 내에 횡행하는 모욕의 관행을 뿌리 뽑지 못하고 이제 막 시작하는 신입에게 고작 '참는 게 미덕'이라는 가스라이팅을 하는 게 아닌가 싶었지.

그런데 시간이 흐르면서 생각이 또 달라지더군. 모욕은 일상 어디에나 있고, 생각지도 못한 상황에서 무방비로 쏟아지는 소나 기 같다는 생각이 들었기 때문이야. 우리 모두 불완전한 인간이기 에 생기는 일종의 오류나 에러 같은 건 아닐까?

회사에 들어와 일하다 보면 알게 돼. 인간 유형이 얼마나 다양 한지, 지켜보는 눈은 또 어쩌나 많은지를. 일하는 방식은 물론이 고, 말투, 태도, 옷 입는 방식 따위의 외모 참견, 하다못해 밥 먹는 습관까지 온갖 지적질과 훈수질, 오지랖이 난무한다는 걸. 특히나 그 대상이 신입이라면, 뭔가를 가르쳐주려는 선배의 마음에서 비 롯된 '좋은 의도의 나쁜 표현'이 얼마든지 있을 수 있지. 오히려 쌍

욕을 퍼붓는다던가 인신공격, 비하 따위의 누가 봐도 명백한 모욕 행위는 생각보다 드물어. 요즘에는 '직장 내 괴롭힘'으로 처벌 대상이 되기도 하고, 일반적인 인간관계를 맺어온 상식선의 사람들이라면 열린 입이라고 함부로 말하지 않으려 서로 조심할 테니.

문제는 묘하게 기분이 나쁘면서 소소하게 멘탈에 데미지를 입히는 불편한 말과 행동들이야.

특히 완전 '을'의 위치인 신입 입장이라면 더하지. 뭔가 불편한 취급을 당해도 "선배님, 그런 말씀과 행동은 기분 나쁩니다."라며 받아치기도 힘들어. 그런 사정이니 '신입이여 무조건 모욕을 견뎌라!'고 했던 전무의 충고도 납득이 가.

그런데 나라면 조금은 다른 방식으로 모욕을 다루는 법을 알려줄 수 있지 않을까, 싶어.

일단 무조건 참는 게 능사는 아니란 거야. 그럼 어떻게 해야 할까? 그 답은 바로 '자존감'에 있어.

먼저 질문, 자존감과 자존심은 어떻게 다를까? 정확히 구분해서 설명해 줄 수 있어? 어때, 어렵지? 한 끗 차이처럼 보이지만 사실 이 둘은 엄연히 다른 개념이야. 자존심을 자존감으로 착각하는 사람도 있고, 혼용해서 쓰는 사람도 많아. 핵심은 '나를 빗대어 바라보는 대상과 잣대가 어디에 있는가'에 있어.

'자존심'은 비교의 기준이 타인과 외부를 향할 때 작동하는 내적 상태야. 스스로에 대한 확신이나 애정, 행복한 삶에 대한 정의, 옳고 그름에 대한 자기만의 기준이 없고, 늘 외부의 대상을 끌어와 자신의 처지와 현재를 비교하는 거지. 누가 봐도 예쁘고 잘났어도 그 상태에 오롯이 만족하는 법이 없어. 자신보다 조금이라도 잘난 구석이 있는 사람이 나타나거나 누가 나에 대해 안 좋은 소리를 하기라도 하면 자존심이 상하는 거야.

적절한 자존심은 부족한 나를 채찍질해서 성장의 동력을 불어 넣지만, 지나치면 감당할 수 없는 무력감과 자기 비하에 빠지고 말아.

반면, '자존감'은 비교의 기준이 전적으로 자신과 내부에 존재 하는 내적 상태야. 물론 자존감이 강한 사람도 외부의 대상을 멘 토로 삼거나 타인의 성공을 이상향으로 참고할 수는 있지만, 결국 내가 극복할 대상은 나 자신뿐이고, 모든 일의 시작과 끝 역시 나 로부터 기인한다는 사실을 절대 잊지 않아.

자신을 있는 그대로 바라볼 수 있고 사랑할 수 있는 건강한 자 존감을 가졌다면, 다른 사람들이 어떤 상태건, 나에게 뭐라고 하 건 별다른 영향을 받지 않지. 친구의 SNS에 올라온 해외여행, 명 품백, 맛집 사진들을 보면서 '내 인생은 왜 이리 초라할까?', '이생 망(이번 생은 망했다)'을 외치며 한탄하지도 않아.

타인의 뼈아픈 충고도 곧잘 받아들이고, 타당한 지적이라면 스 스로를 돌아보는 계기로 삼아서 혼자만의 착각, 독단에 빠지는 일 도 드물어. 물론 자존감 역시 너무 지나치면 자칫 오만과 독선에 빠질 수 있으니 타당한 선을 그어놓고 늘 경계할 필요는 있지.

국민 예능이라 불렸던 MBC 〈무한도전〉에 '못친소'라는 특집이 있었어. '못생긴 친구를 소개한다'는 건데, 모델 장윤주가 초대되어 화제가 됐지. 지금이라면 여성에 대한 외모 비하라며 지탄을 받고 한동안 시끄러웠을 테지만, 정작 장윤주 본인은 초대장을 받고도 타격이 1도 없어 보였어. 오히려 '내가 왜 이 파티에 초대됐나, 나는 내 외모를 사랑한다'라며 유쾌하게 웃어넘겼고, 심지어 '못친소' 녹화 당일 페스티벌 레이디로 참여하기까지 했지. 얼마든지 불쾌하고 모욕적이었을 상황을 여유롭고 당당한 태도로 쿨하게 되받아치면서 오히려 자신의 매력과 존재감을 한껏 드러낸 장윤주가 다시 보이는 순간이었어.

'건강한 자존감'이란 바로 이런 거구나 싶었지.

참지 않아야 할 모욕과, 웃어넘길 헤프닝을 구분하자

어떤 관계든 상대의 말과 행동은 내가 통제하기 힘든 요인이야. 직장 동료처럼 정기적으로 마주쳐야 하는 관계라면, 상대의 예측할 수 없는 말과 행동을 우리는 얼마나 자주, 또 오래 접하게 될까? 결국 내가 온전히 통제할 수 있는 건 상대의 말과 행동을 받아들이는 나의 태도뿐이라는 사실을 인지할 필요가 있어.

유시민 작가는 언젠가 미디어에서 자신을 향한 과도한 악플에 대해 어떻게 대응하는지 입장을 밝힌 바 있어.

"불특정 다수가 나에게 화살을 쏘아대는데, 대부분은 나를 맞추기는 커녕 근처에 떨어져요. 그런데 왜 떨어진 화살을 일부러 주워들어 내 가슴에 스스로 꽂으려 할까, 싶은 거죠. 정당한 충고, 근거 있는 비판 이라면 충분히 받아들이고 숙고해야 하지만, 그저 악의적인 악플이라 면 그냥 무시하세요. 그건 내 문제가 아니라 그 사람의 문제인 거죠."

누가 봐도 명백한 모욕적 언행과 행동은 지위 고하를 막론하고 단호히 대처해야 마땅해. 다만 소소한 마찰, 미묘한 어긋남이 언 제든 생길 수밖에 없는 뭇 인간관계의 속성을 감안하면, 대개는 별 의미도, 의도도 없이 툭 뱉은 누군가의 말과 행동을 담아두고 곱씹으며 불쾌한 감정을 이어나갈 필요는 없지 않나 싶어.

물론 개중에는 사실에 근거한 뼈아픈 충고, 지적이 있을 수 있 어. 이때는 진지하게 자신을 성찰하면서 필요한 건 취하고 버릴 건 버리겠다는 유연한 자세를 가지는 게 더 이득이야.

그 외에는 그저 툭툭 쳐내면 금세 털어지는 먼지 같은 것이라 생각하자고. 그러거나 말거나 '나는 나, 너는 너. 내 갈 길 간다'는 'My Way'의 자세가 필요해. 자신에 대한 사랑과 확신, 행복한 삶 에 대한 정의와 옳고 그름에 대한 선명한 원칙은 '건강한 자존감' 에서 생긴다고 확신해.

나 역시 모욕의 가해자가 될 수 있어

"강 건너 불난 집을 구경하며 손가락질을 하고 있을 때, 그 뒤에 또 다른 강이 있어 누군가는 나를 보며 손가락질을 하고 있다."라는 말을 들은 적이 있어. 아차! 싶더라고.

'좋은 의도의 나쁜 표현'은 대개 "이런 말 안 하려고 했는데…."로 시작하지. 일상에서 이런 경우는 또 얼마나 잦을까? 가족이라는 이유로, 상사라는 이유로, 가까워졌다는 이유로 빚어지는 습관성 오지랖. 물론 누군가에게는 가뭄 끝 단비와도 같은 '조언'으로 받아들여질 수 있겠지만, 다른 누군가에게는 지나친 간섭, 급기야 모욕으로 받아들여질 가능성 역시 얼마든지 있지.

상대가 누구든 충고를 해 주고 싶을 때는 5초 정도 텀을 두고 정말 해도 괜찮은가, 다시 한번 생각하고 내뱉는 습관을 들이는 것도 좋아. 같은 상황도 상대의 기분, 성향, 처지에 따라 얼마든지 다르게 해석될 수 있다는 점을 생각하면, 내 의도가 100% 곧이곧대로 받아들여질 것이라는 생각은 착각에 가깝지.

어려움에 처한 상대를 돕고 싶은 마음이 들어도 일단 지켜보자고. 처음엔 그냥 속으로만 삼키자고. 도움의 손을 먼저 내밀기 전까지는 관심과 진정한 우려를 놓지 말고 옆에 있어 주자고.

결국 랜덤의 관계 속에서 모욕의 가해자든, 피해자든 그런 인식을 만들고 확산하고 해소하는 열쇠는 '건강한 자존감'에 있다고 봐.

기본기
: 저 복사하려고
입사한 거 아닌데요?

지금이야 한류가 대세라지만 1980년~1990년대만 해도 홍콩
영화가 꽤 붐이었어. 주윤발, 유덕화, 장국영, 양조위 등 중화권 스
타들과 〈영웅본색〉, 〈천장지구〉, 〈화양연화〉, 〈첨밀밀〉 등 추억을
자극하는 명작들이 많았지. 쿵후 영화도 유행했는데 그중 성룡이
주연한 〈취권〉의 줄거리는 지금도 기억해.

부모님의 원수를 갚기 위해서였던가? 명확한 이유는 가물가물
하지만, 20대의 젊은 성룡은 무술을 배우기 위해 고수를 찾아 전
국을 헤매다, 길거리 불량배들과 어떤 노인의 싸움을 목격하지.
코가 빨갛고 왜소한 주정뱅이였는데, 아, 이 노인네가 술에 취해
비틀거리면서도 우락부락한 동네 불량배들을 가지고 노는 모습이
일품인 거야. 성룡은 대번에 그가 고수임을 알아봤지. 순식간에
불량배들을 제압하고 비틀비틀 어디론가 떠나는 노인네를 따라가

서 무릎을 꿇고 이렇게 말해.

"제자로 받아주세요."

그 후로 성룡은 하루종일 술만 마서대는 주정뱅이 노인을 대신해 온갖 집안일을 도맡아 하게 돼. 물 길어오기, 밥 짓기, 청소하기, 빨래하기, 장작 패기 등등. 아무리 일을 해도 산속 오두막 잡일은 끝이 없어. 그렇게 3년의 시간이 훌쩍 지나고 허송세월했다고 생각한 성룡은 배운 게 없으니 이제 떠나겠다고 폭탄선언을 해. 그동안 성룡을 지켜봐 왔던 스승은 그제야 이렇게 말하지.

"이제 때가 되었으니 내 비기를 전수하지."

3년간의 집안일은 사실 혹독한 무술 수련을 위한 기초체력을 다지고, 마음가짐을 단단히 하려는 사전 테스트였던 거야. 이후 본격적인 무술 수업이 이루어지고, 성룡은 마침내 '취권'의 고수가 되어 복수에 성공했다나 뭐라나.

드라마 〈미생〉에도 비슷한 장면이 있어. S대 출신 장백기는 늘 자신만만해. 수습 인턴의 기간을 마치고 최종 합격해 철강팀에 정식 발령을 받고 의욕 만땅이야. 그런데 한 달 가까이 사수인 강 대리가 자신에게 그럴듯한 일을 주지 않자 화가 난 상태야. 하다못해 고졸 낙하산 장그래도 영업 3팀의 신규 사업에 한 사람의 팀원으로서 당당히 한몫하는 데 말이야. 준비된 인재인 자신을 방치하는 이유는 그저 자신이 싫어서라고 지레짐작해. 팀의 에이스인 강 대리가 자신을 시기, 질투해서 그렇다고 생각하기에 더 반발하는지도 몰라. 그래서일까? 어느 날 장백기는 강 대리를 정면으로 들이받아.

"… 저는 사업을 만들려고 왔습니다. 정산해 주고, 표 만들고, 데이터 뽑고, 오타 체크하려고 이 회사 들어온 거 아니란 말입니다. 이런 잡일은 인턴 때 충분히 했고, 이젠 실무를 해야 할 때라고 생각하는데요…, 지금은 배울 때가 아니라 써먹을 때라고 생각합니다."

강 대리는 격앙된 장백기를 물끄러미 바라보다 이렇게 한마디 해.

"장백기 씨는 일을 꽤나 크게 만드는 스타일이군요. 주목받고 싶어 하는 스타일이거나…. 나는 아직 장백기 씨가 충분히 교육받았다고 생각하지 않아요."

강 대리는 정말 장백기를 방치한 것일까? 이날 이후 본격적으로 이직 준비를 하는 장백기. 그런데 하필 그 시점에 장백기가 처리한 일에 줄줄이 문제가 생겨. 짐작하겠지만, '기본기'가 부족했기 때문이야. 업무 처리 방식, 시스템, 하다못해 작문 실력까지. 학교에서 배운 것과는 차원이 다른, 회사의 '기본기'가 발목을 잡아. 장백기는 그때서야 '정말 내 기본기가 충분하지 않은 걸까?' 하고 돌아보게 돼.

골프를 배울 때도 기본기부터 시작해. 그럴듯한 드라이버로 호쾌하게 장타부터 펑펑 날리고 싶겠지만, 자세가 완벽히 갖춰지지 않은 상태로 드라이버를 휘두르면 뒷땅 쳐대기 일쑤야. 여차하면 충격으로 갈비뼈 부상을 입기도 하고.

처음 입문하면 7번 아이언을 붙잡고 시계의 똑딱이 추처럼 왼쪽, 오른쪽 스윙을 반복하는 기본자세부터 연습해. 이걸 장시간하다 보면 '내가 이거 하려고 비싼 레슨비 내고 골프 배우나?' 싶은 자괴감이 들지도 몰라.

그렇지만 그 과정을 겪으며 몸에 완전히 익힌 기본자세는 어떤 상황에서도 흔들림 없이 스윙 자세를 유지할 수 있게 해 줘서 여러 형태의 응용 동작도 큰 어려움 없이 해낼 수 있게 돼.

무술이건, 회사생활이건, 하다못해 취미를 위한 스포츠를 배우건, 그놈의 기본기부터 탄탄히 익힌 사람이야말로 일정 수준 이상으로 발전할 가능성이 높다는 사실을 놓치는 경우가 의외로 많아.

"시켜만 주시면 무슨 일이든 열심히 하겠습니다. 잘할 수 있습니다!"

입사 면접에서 면접관을 향해 뱉은 흔한 각오는 기본부터 철저히 배우겠다는 의지여야만 해. 자신감을 갖는 건 좋지만, 지나치다 못해 자만심으로 흐를 경우, 장백기와 같은 시행착오를 겪게되어 있어. 실제 입사 후 처음부터 맡은 바 업무를 흔들림 없이 해내는 신입은 정말이지 드물어. 기본기는 스펙, 역량의 문제가 아니라 바로 '그 조직에서 무엇을 어떻게 하는가?'라는 매뉴얼과 스탠다드, 교감과 적응, 상호작용의 문제이기 때문이야.

나 역시 신입 시절, '기본기가 부족하구나'라는 인식이 있었던 것 같지는 않아. 그다지 뛰어난 스펙도 아니고 스스로 대단한 능력자라는 착각에 빠져 있지도 않았는데 말이야. 오히려 무식하면 용감하달까? 멋모르고 일을 저지르는 경우는 종종 있었어도 말이지.

'딱 3년 만'의 마음으로

이제 막 입사했다면, '더닝-크루거', 즉 '내가 뭘 모르는지조차 모르는 상태'에 놓였을지 모른다는 가정부터 해 보자고. 실제론 아니어도 그렇다고 가정해 보는 거야. 나를 제외한 모든 사람이 최소한 동기이거나 선배일 텐데, 그들 역시 내 본모습, 실력, 역량이 어떤지 잘 몰라. 기껏해야 출신 대학, 전공, 면접, 입문 교육 과정에서 얻은 단편 정보가 전부일 테니 무람없이 잘난 척하기보단 겸손한 태도로 몸을 낮추는 편이 호감을 얻기엔 유리해.

실수해도 '신입이니까'라며 넘어갈 수 있는 특권이지. 그래서 신입의 시기는 어쩌면 인생에 다시 없을 축복일지도 몰라. 정말 실력자라면 그 진면목은 시간이 지나면 자연히 발휘될 테니 그동안은 납작 엎드리고 마치 스폰지처럼 선배들의 가르침을 쭉쭉 빨아들이며 기본기 다지기에 몰입해 보자고.

'낭중지추囊中之錐', 뾰족한 송곳은 주머니를 뚫고 나오기 마련이지. 내 장점과 강점이 무엇인지 정확히 파악하고 이제 막 소속된 이곳에서 어떻게 뾰족하게 다듬어 쓸만하게 만들지를 먼저 고민하라고. 충분히 뾰족하게 갈고 닦았다면 스스로 나서지 않아도 언젠가는 반드시 드러나게 되어 있어.

취권을 배우기 위해 산속 고수의 오두막에 들어가 장작 패고, 밥 짓고, 빨래하며 기초체력을 길렀듯, 숨은 고수가 우글거리는 일터에서 복사하고, 회식비 정산하고, 오타 체크하고, 도표 만드는 일 하나하나에도 의미를 부여하고 최선을 다하다 보면, 어느새 A~Z까지 하나의 프로젝트를 단독으로 맡을 날이 마치 선물처럼 오게 될 거야.

알고 있지? 누군가는 지켜보고 있다는 걸, 아니, 노려보고 있다는 걸 말이야. 하다못해 복사할 때 서 있는 자세라던가, 밥 먹을 때 예절이라던가, 술자리의 취중 농담과 진담에 이르기까지 '쟤는 신입인데 왜….'라는 꼬리표는 언제든 붙을 준비가 되어 있거든.

뭐? 그래도 잘 모르겠다고? 괜찮아. 적어도 뭘 모르는지도 모르는 상태에서는 벗어난 셈이니까. 20년 전의 나보다는 확실히 한발 앞선 게 분명해.

'격'을 알아야 '파격'을 하지

신입들에게 가장 기대하는 역량은 뭐니 뭐니 해도 '창의성'일 거야. 그런데 창의성이란 대체 뭘까? 이전에 없던 아이디어? 제한 없이 상상의 나래를 마구 펼쳐보는 것? 글쎄, 그 역시 틀렸다고 할 수는 없지.

내가 생각하는 창의성의 본질은 바로 '파격'이야. 파격破格의 한자를 살펴봐 봐. 격을 깨부수라는 거잖아. 그러려면 먼저 '격'이 필요해. 어떤 분야의 관행, 규칙, 질서, 이론, 등등 그 판에서 통용되는 가치의 총체라고 볼 수 있지. 그 격을 먼저 충분히 익히고 자유자재로 활용할 수 있을 때, 비로소 '파격'이 가능해지는 것.

결국 이 지점에서 그놈의 기본기가 또 소환돼. 기본이 안 된 이들에게 '파격'은 그저 무질서, 무리수, 만용일 뿐이야. 내 스타일대로, 내 맘대로 해 보고 싶지. 숨 좀 돌리고 나면 뭔가 불합리하고 비효율적인 것도 보일 테지. 그래도 먼저 해야 할 일은 묵묵히 이곳의 관행과 규칙, 질서를 받아들이고 그에 익숙해지는 일이야.

일단 주워 담는 거야. 종류도 가리지 말고 무조건 받아들이고 습득하고 익히다 보면 어느 시점부터 보는 눈, 즉 '안목眼目'이 생기고 무엇이 중요하고 덜 중요한지 가려낼 수 있게 돼.

받아들인 것이 많을수록 이리저리 연결할 재료들도 많아지고, 이건 되고 저건 안되고, 이것저것 연결해 보는 과정에서 이전에는 상상하지 못했던 새로운 것이 '팍!' 하고 떠오를 거야. 그 과정과 결과물이야말로 '창의력'의 본질이라고 할 수 있어.

아무리 어설프고 허술해 보여도 기업 조직의 헤리티지는 허투루 이어져 온 게 아니야. 그 나름의 사유와 효율을 가진 결과물이거든. 복사든, 청소든, 커피 타기든 그 행위 자체보다 그 일을 대하는 자세랄까 마인드를 빗대어 본다는 사실을 잊어선 안 돼. 뭐든 주어진 건 최선을 다하고 일정 기간 묵묵히 인내의 과정을 거친 후, 비로소 안목이 생겼을 때 일의 경중을 가려서 그제야 나만의 무엇을 취하겠다는 마음가짐을 갖는 일부터 시작해 보는 거야.

선악 구분
: 오피스 빌런은
아메리카노를 마신다

"Don't Be Evil."

구글의 설립 초기 모토로, '나쁜 짓을 하지 않고도 돈을 벌 수 있다는 것을 보여 주자'는 결의가 자못 뜨거워.

다행히 지금까지 그 모토는 어느 정도 유효한 것으로 보여. 구글을 포함해 아마존, 애플 등 빅테크 기업들이 제시해온 기술적 혁신, 새로운 생태계는 전 지구적 풍요와 편의를 한 단계 진일보시켰으니까. 사악한 짓은커녕 선한 영향력을 통해 어마어마한 돈도 벌 수 있다는 사실을 증명한 셈이지.

그런데 어느 날 갑자기 이들이 마음을 바꿔 저마다의 힘과 권력, 자본을 이용해 나쁜 짓을 해서라도 돈을 벌기로 작정한다면 어떤 일이 벌어질까?

이들의 상품과 서비스는 이미 우리 일상 구석구석에 깊이 파고 든 데다 내밀한 각종 정보를 상당수 확보했을 테니, 우리는 무슨 일이 벌어지는지 알지도 못한 상태로 이용당하고 착취당해 그들 의 의도에 무기력하게 끌려 다니게 될지도 몰라.

아나나 다를까? 최근 들어 빅테크들의 대규모 해고, 고객 정보 유출, 정보 독점 등 수상한 행보가 빈번해지는 터라 거대한 힘을 가진 주체가 스스로 사악해질 수 있다는 가능성을 인지하고 부단 히 경계하는 일은 그 자체로 의미가 커.

'Don't Be Evil'은 전 세계를 쥐락펴락하는 빅테크 기업과 그 오 너, 고위 임원들만의 사명일까? 아니, 오히려 그 반대라고 생각해. 그들이 처음부터 빅테크, 오너, 고위 임원이었을 리는 없었을 테 니까.

빈 주차장에 낡은 컴퓨터 몇 대로, 허름한 아파트에 옹기종기 모여 어디서 주워온 매트리스로 쪽잠을 자며, 월세 50짜리 사무실 의 어디선가 뜯어온 문짝으로 만든 책상에서 온라인 중고책 판매 로 그렇게 각자의 비즈니스를 시작했을 그들이 애초에 오직 내 이 익만을 위해 사악한 방법으로 돈을 벌기로 작정한 악당이었다면 어땠을까? 지금의 애플이니 에어비앤비니 아마존이니 그런 위대 한 기업들이 존재했을까? 어쩌다 운 좋게 살아남았다 하더라도 어 쩐지 지금의 모습과는 사뭇 다르지 않았을까? 물론 그들의 진짜 본심과 의도는 여전히 확신할 수 없지만, 적어도 히틀러나 무솔리니 같은 미치광이 악당은 아니지 않을까?

그런 의미에서 'Don't Be Evil'은 이제 막 사회에 진입하는 각계의 신입들이 반드시 갖춰야 할 '기업윤리'이자, 우리 조직의 동료로서, 누가 부적격한가를 명확히 가리는 '스크리닝 키워드'로서 그 가치가 크다고 봐. 그러려면 우선, 사악함이란 뭘까, 그 정의부터 제대로 해야겠지?

우선 국어사전에는

◦ 사악하다 : 간사하고 악하다.

라고 되어 있어. 그렇다면 간사한 건 뭐고, 악한 건 또 뭘까?

◦ 간사하다 : 자기 기준, 원칙도 없이 자신의 이득에 따라 변하는 성질이 있다.
◦ 악하다 : 인간의 도덕적 기준에 어긋나 나쁘다.

사실 사전적 정의만으로는 실질적으로 할 수 있는 게 없어.

'나는 어떻게 살아야 하는가?', '무엇에 분노해야 하는가?'라는 본질적 문제부터 '과정과 결과 둘 중 무엇을 더 중시해야 하는가?',

'다수의 이익을 위해 개인의 이익을 포기할 수도 있는가?'와 같은 실용적 문제까지. 언젠가는 '무엇이 선이고 악인가?'라는 답을 스스로 찾아야 할 순간이 반드시 올 테니까.

여기, 양심의 스펙트럼이란 게 있어.

이 스펙트럼에서 오른쪽 10Max에 가까운 사람은 법 없이도 살 사람이지. 반대로 0Min에 가깝다면 극한 이기주의자일 가능성이 높아. 평균 영역Avr.에 속하는 대다수는 법과 규칙이라는 외적 규제에 순응하고, 내면의 목소리에 귀 기울이며, 사회 일원으로서 평범한 삶을 이어가는 사람들이야. 가끔 잘못을 저지르고 본의 아니게 타인에게 해를 끼치기도 하지만, 바로 반성하고 가책을 느껴서 평균으로 돌아와. 정도와 깊이의 차이는 있지만 어쨌든 공감 능력이란 게 있기 때문이야.

문제는 스펙트럼을 벗어난, 공감 능력이 아예 없는 사람이야. 조직 내에 발생하는 각종 인간성 상실의 문제, 예컨대 갑질, 모욕, 인신공격 등의 부조리는 공감 능력이 없는 존재의 소행일 가능성이 커. 자신의 이익을 위해서라면 얼마든지 타인을 계획적으로 이용하거나 곤경에 빠뜨릴 수도 있는 사람이기 때문이야.

내 마음속 양심의 스펙트럼

나는 정의로운 사람도 아니고 매사에 윤리적이거나 모범적으로 살아온 사람도 아니야. 불완전하고 부족하고, 여러모로 못마땅한 면이 많지만, 그렇지 않은 척 위선으로 포장하기도 하고, 때로는 눈 딱 감고 내 이익을 좇기도 하지. 그렇지만 사악한 사람은 아니라고 믿고 싶어. 바로 '양심'이 있기 때문이야.

하버드 의대 정신과 교수이자 소시오패스 연구 권위자인 마사 스타우트Martha Stout는 저서 『이토록 친밀한 배신자』에서 '양심'을 '타인에 대한 애착에서 비롯한 책임감'이라고 정의한 바 있어. 양심이 결여됐다는 건 곧 자신의 어떤 행위로 인해 누군가 안 좋은 상황에 처하거나 심각한 해를 입는 상황이 생겨도 책임감, 죄책감을 느끼지 못한다는 뜻이야.

그런 사람이 얼마나 되겠냐고? 뇌과학, 신경정신의학, 사회학, 심리학 등 각계의 연구에 따르면 공감 능력이 제로에 가까운 반사회적 존재가 약 4~10% 비율로 존재한다고 보고 있어. 우리나라 인구가 약 5000만이니까 최저 수준인 4%만 대입해 봐도 약 200만이라는 숫자가 나오는 셈이야.

이쯤 되면 빌런, 악당은 조커, 한니발 같은 비현실적 영화 캐릭터가 아니라 어제 나와 함께 밥을 먹고 아메리카노를 마시던 옆자리의 김 대리가, 이 팀장이, 박 상무가 그 주인공일 수 있다는 말이야.

그럼 나는 어떨까? 앞서 제시한 양심의 스펙트럼을 마음속에 그려놓고 어디쯤 위치하는지 곰곰이 생각해 보라고.

때로는 실수하고 잘못도 저지르지만, 그 일로 인해 누군가 상처를 입거나 힘겨운 상황에 처한다면 가책을 느끼거나 괴로워지는지, 타인에 대한 애착과 책임감을 느끼는지. 그렇다면 다행이야.

나 스스로 악이 되지 않도록 애쓰는 일, 내 주변의 진짜 악을 현명히 가려낼 수 있는 일, 이 모두가 나와 내 주변이 건강하게 관계를 맺고 함께 잘 살아가기 위한 최소한의 기본요건이란 사실을 잊지 말자고.

무엇이 선하고 악한가?, 나만의 기준은 있어야 해

양심은 내면의 브레이크와도 같아. 분명히 자신에게 이익이 되는 상황이지만, 그 일로 인해 타인이 상처를 입거나 희생당하는 처지에 놓인다면 당연히 내적 갈등을 겪으며 주저하게 돼. 대부분의 양심적인 사람들은 결국 이기심을 포기하지만, 양심이라곤 없는 주제에 성공에 대한 욕망만 가득한 빌런들은 거리낌 없이 자신의 이득을 선택해.

이들이 움직이지 않는 유일한 순간은 자신의 행동이 법이나 규칙에 저촉되어 더 큰 불이익을 가져올지 모른다는 판단이 있을 때뿐이야.

양심적인 사람은 스스로 완벽하지 않다는 사실을 알아. 다만 '이런 사람이 되면 좋겠다'라는 마음속 이상향을 만들어 두고, 현재의 나와 끊임없이 비교할 줄 아는 존재이기도 해. 누가 보든 보지 않든 내적 이상향이 제대로 작동하면 스스로를 경계하고, 가능하면 옳은 선택을 하려고 노력하지.

양심적인 사람은 적당한 가면을 쓸 줄 알아. 가면을 쓴다는 건 자신이 불완전하다는 사실을 인정하고 감추고 싶은 치부, 부족함을 발견할 때마다 마음속 이상향과의 괴리를 채우기 위해 노력한다는 뜻이지. 그게 바로 위선의 본질이라고 생각해.

오히려 양심이 없는 사람이야말로 스스로를 완벽한 존재라 착각해. 온몸에 똥을 덕지덕지 바른 채 평범한 이들의 작은 티끌을 향해 '위선'이라며 고래고래 비난하기 바빠. 솔직함을 핑계로 필터링을 거치지 않은 막말을 내뱉으며 사회의 약자, 피해자들에게 상처를 주는 언행 또한 서슴지 않아. 위선은커녕 대놓고 반칙과 일탈, 나쁜 짓을 일삼으면서도 욕망과 본능에 따라 실속을 차리는 일이 뭐가 나쁘냐는 궤변으로 사회 질서를 어지럽히지. 이들이야말로 어쩌면 순수 악에 가까운 존재일지도 몰라.

스스로 내면을 돌아보는 일은 그래서 중요해. '내면에 얼마나 강력한 브레이크가 존재하는가?', '더 나아가 어떤 사람이 되고 싶은가?'라는 질문을 한 번이라도 품어본 사람이라면 진짜 악당과는 거리가 멀어.

악인에 대한 내 관점은 비교적 명확해. 바로 '양심'의 결여야. 타인에 대한 애착은 물론, 이런 사람이 되고 싶다는 내적 이상향도 없이 오직 눈앞의 이득과 당장의 물질적 만족을 위해 수단과 방법을 가리지 않는 존재야말로 비교적 순수 악에 가깝다고 믿어.

그들에게 휘둘려 영혼까지 털리지 않으려면, 나와 그저 성향이 다를 뿐인 멀쩡한 사람을 악인으로 오인하지 않으려면, 나 스스로 나도 모르는 사이 그들을 닮아 가지 않으려면, 악의 본질에 대한 자신만의 선명한 생각과 기준이 있어야 해.

잊지 마. 그들은 우리 옆에서 아메리카노를 들고, 가짜 미소를 머금은 채 나를 지긋이 노려보고 있다는 사실을.

운
: 3루에서 태어났으면 운에 감사하라

40대 이전까지 내 인생은 대체로 무난한 편이었어. 큰 성공도, 이렇다 할 좌절도 없이 인생의 변곡점들을 비교적 부드럽게 넘어왔던 것 같아. 무색무취의 초중고 시절을 보냈고, 엄청 좋지도 그렇다고 또 나쁘지도 않은 대학에 들어갔고, 서울 근교 모 사령부에서 나름 꿀 보직으로 군 생활을 했어. 그리고 대학 졸업 후에는 1년의 공백이 있긴 했지만, 엄청 좋지도, 그렇다고 또 나쁘지도 않은 회사에 들어가 총 17년을 일했으니 평균 이상의 삶이었다고 봐도 무방해.

다들 그렇게 사는 줄로만 알았어. 그런데 45세에 자의 반, 타의 반으로 퇴사를 하고, 5년이 넘도록 프리랜서 생활을 이어가면서 삶을 반추해 보니 이제야 조금 알겠더라고.

"그저 운이 좋았던 거구나."

나같이 까칠하고 자기중심적인 사람이 17년이라는 근무 기간을 버텨낸 데에는 크고 작은 '운'이 따르지 않았다면 불가능했을 거라는 결론에 도달했어.

물론 불운도 있었지. 퇴사 직전 2~3년은 개인적으로 최악의 시기였어. 회사 사정이 급격히 나빠졌고, 수차례의 구조조정으로 내부 분위기는 그야말로 살벌했지. 조직문화 책임자로서 '밑 빠진 독에 물 붓기'라는 한계를 느끼고 손을 놔버린 시점이기도 했고, '의도'하지 못하는 성격 탓에 이런저런 구설수에도 휘말려 몸과 마음이 피폐해졌어. 그 사실을 그때는 미처 몰랐지. 그저 제 앞가림에만 급급한 경영진에 대한 분노, 내 진심을 알아주지 않는 주변인들에 대한 실망, 모든 것이 그저 환경 탓, 남 탓일 뿐이었어.

지금 돌아보면 불운을 합리화의 도구로 악용했던 것 같아. 하필 그 시점에 칼 세이건의 『창백한 푸른 점』에 대해 알게 된 것도 한몫했지.

"… 저 점이 우리가 있는 이곳입니다. 저곳이 우리의 집이자, 우리 자신입니다. 여러분이 사랑하는, 당신이 아는, 당신이 들어본, 그리고 세상에 존재했던 모든 사람이 바로 저 작은 점 위에서 일생을 살았습니다. … '슈퍼스타'나 '위대한 영도자'로 불리던 사람들이, 성자나 죄인들이 모두 바로 태양 빛에 걸려있는 저 먼지 같은 작은 점 위에서 살았습니다."

_칼 세이건의 『창백한 푸른 점』 본문 중

그 대단한 사람들도 고작 먼지 한 톨보다 작은 푸른 점 위에서 지지고 볶다 그렇게 가는 거구나, 싶었어. 그때부터 염세적이 되더라고. 일종의 체념 같은 거랄까? 어차피 회사는 이 모양이고, 내가 할 수 있는 것은 없고, 그냥 운이 없었을 뿐이라고 단정해 버리니 삶이 무료해졌어. 만사 부정적이 되고 임원에게도 감정을 숨기지 않으면서 제 무덤을 파기 시작했지.

그사이 실력은 제자리에 맴돌았어. 아니 오히려 퇴보했는지도 몰라. 퇴근 후 술자리는 잦아졌고 2차, 3차를 거치며 하는 말이라곤 누군가를 씹고, 불평하고 그런 주제뿐이었지.

"저는 더 이상 할 수 있는 게 없습니다."

대표와 임원들 앞에서 공공연히 선언해 버린 순간, 내게 남아 있던 마지막 운도 사라졌는지 몰라. 그해 연말, 팀은 해체됐고, 약 한 달 후 퇴사하고 말았으니까.

남 탓, 환경 탓을 그만두고 내 실력이 모자랐음을 깨닫고, 뭐라도 해 보려 노력했다면 어땠을까? 운은 준비된 사람에게 찾아온다고 하지.

마키아벨리의 유명한 저서 『군주론』에는 '포르투나Fortuna'와 '비르투스Virtus'라는 개념이 등장해.

포르투나는 운명의 여신인데, 한쪽 발은 육지의 공 위에, 또 다른 발은 배 위에 두고 한쪽 팔로는 돛을 받치고 있는 다소 아슬아슬한 모습으로 시에나 대성당 바닥에 묘사되어 있지. 운명은 불안정하고 쉽게 변할 수 있음을 보여 주고 있어.

마키아벨리는 포르투나는 비르투스에 의해 다스려진다고 했는데, 비르투스는 의역하자면 '강인함, 밀어붙이는 완력' 등을 뜻해. 운명의 힘은 강력하지만, 어디로 흐를지는 알 수 없고, 이를 통제할 수 있는 유일한 힘은 비르투스라고 주장하고 있어.

나는 비르투스가 누구도 부인할 수 없는 노력과 실력, 결단력을 뜻한다고 보고 있어. 그렇게 실력을 쌓다 보면 '포르투나'라는 행운의 여신이 찾아왔을 때 즉시 알아보고 붙잡아서 더 큰 성공에 이르게 된다고 생각해.

알다시피『군주론』은 '악마의 지침서'로 알려져 있어. 시대와 국가를 초월한 문제적 스테디셀러랄까? 요즘 시대에 들으면 헉! 소리가 절로 나올 만큼 노골적이면서 위험한 주장들이 곳곳에 들어 있기 때문이야.

군주는 사랑받는 대상보다 공포의 대상이 되는 것이 낫다 (17장)
군주는 사자의 용맹함과 여우의 교활함을 갖춰야 한다 (18장)
_마키아벨리의『군주론』중

히틀러와 무솔리니 등 최악의 독재자들이 애독했다는 사실이 알려지면서 그 악명은 더 높아졌지. 그렇지만 『군주론』은 당시 마키아벨리가 살았던 중세 '피렌체'라는 도시국가의 주변 상황을 감안해서 읽어야 해. 마키아벨리는 프랑스, 스페인, 신성로마제국 등 주변 강대국들의 침략을 직접 겪었어. 조국 피렌체가 외부 세력에 맞설 수 있을 만큼 강력한 국가가 되기 위해서는 공포정치를 표방한 강력한 군주의 출현이 필요하다고 본 것이지. 다만 '국가가 안정되고 충분히 부강해진 이후에는 자애로운 정치를 펼쳐야 한다'라고 단언했어.

『군주론』의 모델이 된 체사레 보르자는 교황 알렉산드르 6세의 아들로, 강인함의 상징과도 같은 자였어. 마키아벨리는 체사레 보르자를 따라 전장을 누비며 상대적으로 세력이 약했던 교황군이 어떻게 적들을 복속시키는지 세심히 관찰했어. '사자와 같은 용맹함, 여우와 같은 교활함을 배워야 한다'라는 말은 바로 체사레 보르자의 강력한 리더십을 통해 얻은 깨달음이었지.

그렇게 승승장구할 것 같았던 체사레 보르자는 1503년 알렉산데르 6세가 말라리아로 인해 극심한 고열과 구토로 쓰러져 선종하자 꺾이기 시작해. 결국 그는 나라에서 추방당하고 적들에 쫓기는 신세로 전락한 이후 1507년 비참한 죽음을 맞이하게 되지.

아무리 용맹한 군주, 업적이 뛰어난 리더라도 그 성취가 오롯이 자신으로부터 비롯된 것이 아니라 행운이 따른 결과임을 잊지 말라는 메시지가 바로 포르투나와 비르투스를 통해 『군주론』 전체를 관통하고 있음은 명백해.

세상사 '운칠기삼'이야

운이 좋은 것도 제 복이지. 좋은 환경에서 일체의 경제적, 사회적 어려움도 없이 인생을 시작할 기회를 신이 준다면 누군들 마다하겠어? 그런데 말이야, 순전히 운으로 유리한 고지에서 시작했으면서 그렇게 얻게 된 것들을 마치 제가 잘해서 얻은 것처럼 착각하는 사람도 종종 보이더라고. 억울하면 좋은 부모 밑에서 태어나지 그랬냐며 어쩌다 얻은 한 줌 행운이 영원할 것처럼 여기는 못난 종자들 말이야. 이들이야말로 그저 운이 좋아 3루에서 태어났으면서 제가 잘해서 3루타를 친 줄로 아는 사람들이지.

나는 인생사가 '운7, 노력3'으로 이루어진다고 믿는 사람이지만, 그렇다고 운에 내 운명 전체를 걸고 싶지는 않더라고. 그런 의미에서 복권도 사지 않아. 내 운을 복권 당첨 따위에 쓰고 싶지 않기 때문이야. 로또 1등? 물론 부럽지. 좋은 꿈을 꾸면 혹시나 하는 기대로 복권을 안 사본 것도 아니야. 그런데 정말 운이란 게 있다면 겨우 그런 일에 운을 쓰고 싶지 않더라고. 개인의 준비, 노력도 없이 순전히 운에 의해 얻게 된 그 무엇(돈이든 기회든)은 장기적으로 약일까, 독일까? 나는 주저 없이 후자라고 말하겠어.

대신 실력을 키우기로 했지. 시간은 지나고 나면 다시는 되돌릴 수 없는 가장 소중한 자원이란 사실을 깨닫고는, 1분 1초라도 허튼 생각과 행동에 낭비하고 싶지 않게 됐어. 내게 올 운이 있다면 내가 평생 몸담을 일에 찾아왔으면 하는 마음뿐이야. 그러니 그저 묵묵히 읽고 쓰면서 실력을 쌓을 수밖에.

찰나의 성공과 실패에 크게 일희일비할 필요도 없어. 인생은 굴곡이 있을 수밖에 없고, 해가 지면 또 내일의 해가 뜨는 게 세상 진리야. 운은 아무리 용을 써도 내가 컨트롤할 수 없는 영역이라는 사실만 안다면 나의 불운과 타인의 행운을 매 순간 비교하는 일이 얼마나 하찮고 무의미한 일인지 깨닫게 돼.

내가 컨트롤 할 수 있는 영역은 오직 비르투스 즉, 실력과 추진력 그리고 과감한 행동뿐이야. 그 사이 몇 번의 포르투나가 내 곁을 지나갈지 모르지만, 내 실력과 운, 그리고 타이밍이 절묘하게 맞을 때가 분명 한 번은 올 거라 믿어.

운도 스스로 만드는 거야

오타니 쇼헤이는 현시점 세계 최고의 야구선수야. 일본 프로야구NPB출신으로 2017년 세계최고 리그인 미국 메이저리그MLB에 진출했어. 2024시즌에는 리그 최초로 '50(홈런)-50(도루)'을 달성하며 MVP를 수상했고, 소속팀 LA다저스를 월드시리즈(결승전) 우승으로 이끌었지.

투타를 겸업하는 이른바 '이도류二刀流', 즉 투수와 타자를 겸업하는 선수로도 유명해. 야구를 조금이라도 아는 사람이라면 포지션별 최고의 선수들이 득실거리는 프로리그, 그중에서도 세계 최고 리그인 MLB에서 투수와 타자를 겸업하며 준수한 성적까지 내는 일이 얼마나 만화 같은 일인지 잘 알 거야. 야구 역사상 유례가 없는 변종이 등장한 셈이야.

그런데 무엇이 오타니를 그렇게 만들었을까? 일단 오타니의 피지컬 자체가 출중해. 190cm가 훌쩍 넘는 키에 균형 잡힌 몸매로 서양 선수들에 전혀 밀리지 않는 체격조건을 갖췄지. 더 인상적인 건 오타니의 마인드야. 고등학생 시절 오타니가 손수 작성한 '만다라트 계획표✻'가 공개되면서 화제가 됐는데, '8구단 드래프트 1순위'라는 목표를 중심으로 총 8개의 카테고리에 64개의 계획이 촘촘하게 적혀 있었지. '제구', '구위' 등 야구 기술 관련의 본연의 계획은 그렇다 쳐도 '운'과 '인간성'이라는 카테고리에 '쓰레기 줍기', '인사하기', '감사', '배려' 등 운동선수 계획표치고는 다소 엉뚱한 내용들이 포함돼 눈길을 끌었어.

오타니는 미국 메이저리그 진출 이후 인터뷰에서 쓰레기 줍기에 관련한 기자의 질문에 이렇게 말했어.

✻ 만다라트 계획표 : 정사각형 9개로 이루어진 표

"쓰레기를 줍는 건 다른 사람이 버린 운을 내가 줍는 것이라고 생각합니다."

타고난 신체에 부단한 노력, 거기에 인성과 운까지 관리해 왔으니 말 다했지. 그런 노력 때문일까? 수억 달러를 받는 초대형 슈퍼스타가 된 지금도 더그아웃에 떨어진 쓰레기를 줍고, 변함없이 예의 바른 오타니를 향한 찬사는 여전히 이어지고 있어.

이런 사람도 이렇게 노력하는데 나는 어떤가? 절로 돌아보게 되더라고. 그저 운, 환경, 남 탓이나 하며 제자리에 머무르고 있는 건 아닐까? 결국 세상의 모든 일은 그 누구의 탓도 아닌 내 탓이라는 반성과 함께 준비된 사람에게 운도 따라온다는 진리를 절감하게 된 순간이었어.

이제 우리도 인생 계획표에 쓰레기 줍기, 인사하기 정도는 기본으로 집어넣고 운과 인성을 관리해 보는 게 어떨까?

능동성
: 이걸요? 제가요? 왜요?
3요의 쓸모

언제부터인가 MZ니 알파니 세대 구분이 흔해졌어. 조직문화 관련 글을 쓰고 강연을 하다 보니 관련 트렌드를 알아야겠더라고. 책, 연구논문, 기사 등을 훑으며 열심히 공부했지. 그랬더니 이런 생각이 들더라고.

'딱 떨어지는 세대 구분이 정말 가능할까?'

어떤 세대든 그 연령대 모두가 동일하게 사고하고 행동할 리가 없잖아? 대체적인 경향성은 있을 수 있어도 그 세대만 가진 유일한 특징으로 '일반화'하려는 시도 역시 거부감이 들더라고. 한 배에서 태어난 쌍둥이들조차 서로 다른데 하물며.

나는 17년간 범 HR 분야에서 채용, 교육 등의 업무를 했어. 매해 새로 입사하는 신입들을 직접 뽑고 교육하면서 그들을 지켜볼 기회가 많았어. 돌이켜 보면 세대별 특성보다는 '신입'이라는 독특한 위치 때문에 발견되는 일정한 패턴 정도는 찾을 수 있겠더라고.

입사 초기 몇 개월은 마치 한 사람 같은 집단적 행태를 보이다가도 각 부서에 배치되어 어느 정도 환경에 적응하고 나면 그때부터 조금씩 각각의 개성이 드러나는 식이야. '요즘 애들은 이렇구나!'라며 일반화하기에는 '그냥 얘는 이렇구나'라는 개인적 관점의 특질이 더 눈에 띄더란 말이야.

누가 봐도 활발하고 능동적인 사람, 지극히 조용하고 내성적인 사람, 적당히 '낄끼빠빠(낄때 끼고 빠질 때 빠진다)'할 줄 아는 사람 등등 개인의 특성은 저마다 달랐어. 더 놀라운 점은 그 개성도 조직 전체를 지배하는 특정 분위기를 절대로 넘어서지는 못한다는 점이었어.

스타트업의 신입들은 '이걸요? 제가요? 왜요?'의 3요를 달고 사는지 몰라도 전통적인 레거시 기업에 입사한 신입이라면 그저 누군가 시키는 대로 회사의 매뉴얼에 따라 한 몸처럼 움직일 가능성이 훨씬 높더라는 말이야.

자, 여기 특정 세대와 관련된 기사 모음이 있어.

"요즘 젊은이들은 자기 권리만 주장하고 무책임하다."

"21세기 불안, '나'만 있고 '우리'는 없다."

"자신과 관계없는 일엔 단호하게 NO."

"업무를 그르칠 경우, 책임 전가에 급급."

누구 이야기일까? Z세대? 밀레니얼? 알파?

이 기사는 1994~5년 신문에서 가져왔어. '요즘 것들' 운운하며 혀를 끌끌 차고 있을 베이비부머, X세대 고인물 트리오, 김 부장, 박 팀장, 고 상무의 이야기였다는 반전.

30년 전이나 지금이나, Ctrl+C, Ctrl+V 수준의 복붙 기사들. 혀를 끌끌 차야 할 사람들은 정작 '고인물들'이 아니라 '요즘 것들'이 아닐까?

수천 년 전 고대 수메르 점토판에도 "요즘 젊은이들은 버릇이 없다."는 기록이 남아있고, 소크라테스조차 "요즘 애들은 버릇이 없다. 부모에게 대들고, 스승에게도 대든다."라고 한탄했다지. 이쯤 되면 '특별한 세대'가 출현한 게 아니라, 20대 언저리 젊음의 특징이 반복되고 있다는 게 더 설득력 있지 않겠어?

군이 차이를 찾자면, 'Device'의 형태와 '소셜 채널'의 유무 정도? Z세대가 특별하다기보다는, 인간은 연령대에 따라 사고와 행동이 점진적으로 변화하고, 그걸 표현하는 방식이 시대에 따라 달라졌다는 게 더 합리적인 결론 아닐까?

"이걸요? 제가요? 왜요?"

직장 상사가 뭔가 일을 시키면 이렇게 되묻는다는 이른바 '3요'
현상.

언론 기사로도 종종 소개됐지. 정말로 요즘 신입들은 뭘 시키
면 하나같이 눈을 똥그랗게 뜨고 "이걸요? 제가요? 왜요?"라고 되
묻고 있을까? 아니면 '그럴 것 같다'는 느낌적인 느낌으로 일부의
사례를 침소봉대해 일반화하려는 수작인 걸까?

분명한 건 시대가 바뀌었다는 거야. '묻지도 따지지도 말고 시
키는 일이나 제대로 하라!'는 일방적 업무 지시가 디폴트값이었던
시절이 불과 몇 년 전이야. 3년여에 걸친 코로나 팬데믹을 거치며
완전 재택근무 경험이 일반화되고, AI, 로봇 등 기술혁신이 폭발
하자,

'어? 이렇게도 일이 되네?'
'아, 인간들이 없으니까 오히려 일이 잘되네?'

마치 판도라의 상자를 열듯, 정답이라고 믿었던 이전의 고정관
념에 거대한 균열이 생기기 시작했어. '나는 누구인가?', '왜 일하는
가?', '뭘 할 때 즐거운가?'와 같은 본질적 질문을 하게 됐고, 진지한
답을 찾기 시작하면서 '지속가능한 발전', '가치 소비', '가치 노동'
등 인간 중심으로 돌아가는 뉴노멀의 시대가 눈앞에 펼쳐졌어.

'근면 성실'을 기치로 사람을 부품으로 여기고 마른 걸레도 쥐어
짜는 심정으로 성과를 달성하는 데 익숙했던 구태 기업들, 주어진

정보를 단기간에 익히고 답하는 능력 하나로 승승장구하던 구시대 엘리트들은 이제 설 자리를 잃게 됐어. 각종 갑질과 불법, 탈법을 자행해 사회적 물의를 일으키고도 '그게 사회', '그게 회사'라며 뻔뻔했던 그들은 이제는 '나쁜 회사', '갑질러'로 낙인찍혀 시장과 고객, 그리고 구성원들에 의해 도태되는 시대가 됐어. 질문과 되물음이 필요 없는 시대가 완전히 끝났다는 의미야.

이런 와중에 스스로 납득하지 못하는 일에 과감히 'No'라고 말할 줄 아는 개인이 제자리를 잡은 거라면? '요즘 것들'이라며 혀를 끌끌 찰 게 아니라 오히려 그 당당함에 박수칠 일 아니겠어?

문제는 구세대의 힘이 여전히 막강하다는 거야. 새로운 시대를 갈망하는 변화의 원심력이 거세다는 사실을 알면서도, 현재에 머무르려는 구심력, 그러니까 관성의 힘 역시 여전해. 이들은 양손에 '돈과 힘'이라는 권력을 그러쥐고 기득권을 지키기 위해 안간힘을 쓰고 있지. 자신들이 이룩한 기존 질서가 부정당한다는 위기감, 불쾌감과 함께, 한편으론 새로운 변화에 적응하지 못하다간 도태되고 말 것이라는 불안감이 동시에 작용하는 듯 보여.

'요즘 것들의 3요'를 바라보는 그들의 시선에 왠지 모를 불편한 뉘앙스가 담기게 된 이유는 이거야. 자기들은 이런 질문을 들은 적도 없고 답해 본 적도 없거든. 좋게 말하면 사회화가 되는 것, 나쁘게는 자신의 능동성, 주체성, 야생성을 잃은 것. 한마디로 '좋은 의도의 나쁜 표현'으로 '3요'를 읽고 있는 셈이야. 이거 위험해.

'명맥본'으로 생각하기

제대로 된 회사라면 신입에게 요구하는 건 딱 둘이야. '기본만 해라', '배우고 익혀라'. 아무리 뛰어난 인재라 하더라도 조직 적응과 최적화를 위한 최소한의 트레이닝 과정은 반드시 필요하니까.

거기서 조금 더 기대하는 게 있다면, 기존의 조직에 활력을 불어넣고 새로운 관점을 더해 긴장감과 호기심의 총량을 높이는 정도일 거야. 그러려면 신입들은 눈치 따위 보지 않고 자신의 호기심, 부당함, 잘하고 싶은 욕구에서 오는 능동적 질문을 멈추지 않아야 해.

물론 열쇠는 회사가 쥐고 있지. MZ 세대 운운하며 '우리와 다른 종족'이라 선 긋는 분위기라면, '요즘 것들의 3요'는 억눌리고 능동적 호기심은 조직화라는 이름으로 거세될지 몰라. 이런 회사에 입사했다면 안됐지만 아무리 대담한 마인드를 가진 개인이라도 섣불리 자신만의 개성과 능동성을 발휘하기는 어려울 거야.

그래도 방법은 있어. '요즘 것들'에 대한 반감과 숨은 호기심이라는 양가적 감정에 혼란스러울 '이전 것들'을 불필요하게 자극하지 않는 것. 그러면서도 원하는 바를 지혜롭게 돌려 말하는 센스를 갖추는 일이야. 바로 3요를 '명분', '맥락', '본질', 즉 '명맥본'으로 치환해 질문하는 거야.

◦ 이걸요?

　⋯⟶ 명분 : 이 일을 해야 하는 이유가 뭔지 정확히 알려 주세요

◦ 제가요?

　⋯⟶ 맥락 : 이 시점에서, 왜 제가 맡아야 하는지 납득시켜 주세요

◦ 왜요?

　⋯⟶ 본질 : 이걸 하면 뭐가 좋아지는지 끝 그림을 보여 주세요

뉘앙스만 살짝 바꿨을 뿐인데 되바라지고 예의 없고 자기밖에 모르는 '요즘 것들'의 이미지는 상당히 희석돼. 반면 일의 의미와 본질을 찾는, 보다 능동적인 신입의 질문처럼 보이지.

진지하고 호기심 넘치는 표정으로 정중하게 이런 질문을 건네는 신입에게 "모르면 찾아봐! 나 때는 내가 알아서 다 했어!"라고 면박 주는 선배는 얼마나 될까? 만약 그런 사람이 있다면 충고하지.

얼른 도망쳐!

織

짤—직

格

격식—격

II장

織격
_ Overall

혼자 하는
일이
아니다

"한 사람의 천재가 10만 명을 먹여 살린다."

故 이건희 회장의 일성으로 유명하지. 삼성그룹을 우리나라 1등이자 세계적 대그룹으로 키운 장본인의 말이니만큼 그 무게는 가볍지 않아.

그런데 말이야 '정말 그럴까?'라는 생각이 들더라고. 그리고는 '천재란 어떤 사람일까?' 갑자기 궁금해졌어.

가장 먼저 떠오르는 사람은 바로 스티브 잡스야. 요즘은 일론 머스크 정도 될까? 알다시피 이들은 아이폰, 아이튠즈, 전기차 대중화 등 혁신적 결과물로 인류의 일상을 완전히 뒤바꿔 놓은 주역들이야. '애플'의 시가총액은 전 세계 1, 2위를 다투고, '테슬라'는 전기차를 넘어 우주 탐사까지 그 영역을 넓히고 있지. 이전에 없던 생태계를 창조해 내고, 새로운 질서를 만들고, 혁신적인 생활 방식을 제시한 이들을 '천재'라 부르기에 부족함이 있을까?

이들이 '천재'가 될 수 있었던 이유는 뭘까? 유전? 학벌? 환경? 글쎄, 스티브 잡스라면 하나같이 이 조건에서 예외야. 생물학적 부모로부터 버림받고, 양부모 밑에서 자란 데다 유명 대학 출신도 아니고 그나마도 중퇴를 했으니 말이야.

남아공 출신의 일론 머스크 역시 미국 출신의 여타 빅테크 창업자들의 전형적 엘리트 코스와는 거리가 있어. 캐나다에서 대학을 다니다 아이비 리그 중 하나인 유펜U-penn에 편입했고, 졸업 후에는 스탠퍼드대학 박사 과정에 합격하고도 등록을 하지 않아 제적 당한 전적을 감안하면 최고의 학벌이라 할 수는 없지.

이들의 공통점이 있다면, 내가 살고 싶은 세상을 구체적으로 상상하고, 그 상상을 현실로 만드는 데 지독한 신념과 자신만의 독특한 방법론을 가지고 있었다는 점 정도야.

물론, 마이크로소프트의 빌 게이츠(하버드대 수학 중퇴), 아마존의 제프 베이조스(프린스턴대 컴퓨터과학), 메타의 마크 주커버그 (하버드대 심리학 중퇴) 등 여타 빅테크 창업자들의 학벌과 스펙은 하나같이 대단하지만, '고스펙=천재'라고 일반화하기에는 여러모로 무리가 있어 보여.

자, 다시 현실로 돌아오면 그 이야기는 조금 더 명확해져. 이건희 회장이 건재하던 시대에 천재는 '학벌 좋고 스펙 좋은' 엘리트를 의미할 가능성이 높아. 급격한 양적 성장의 시대에 이미 도출된 정답을 빨리, 많이 외워서 적시에 적용하는 데 특화된 '한국식 천재'는 분명 필요했고, 나름의 역할을 해왔어. 그런데 세상이 변했어. 생성형 AI가 등장하고 일하는 방식의 새로운 표준이 요구되는 이 시대에도 기존 엘리트의 개념은 여전히 유효할까?

꼬리를 무는 의문은 또 있어.

'정말 한 사람의 역할이 그렇게 절대적일까?'

스티브 잡스, 일론 머스크 등 이견의 여지가 없는 천재들은 10만 명이 아니라 전 세계 수십억 인구에 직간접적 영향을 주는 사람들이지. 그런 관점에서라면 이건희 회장의 '천재론'은 어딘가 모호하고 부족해. 현대의 기업 규모나 소통, 의사결정 구조상 역량과 관계없이 수만 명을 먹여 살리는 영향력을 가진 사람쯤은 여기저기 꽤나 많아 보이거든. 이들이 인류 전체에 지대한 영향을 미치거나 삶의 형태를 완전히 뒤바꿔 버리는 '게임체인저'급 천재라고 보기에는 무리가 있지.

스티브 잡스조차 자신의 업적이 혼자만의 성과라고 여기진 않았어. 잡스는 생전 CBS 〈60분 쇼〉에 출연해서 이런 말을 했어.

"나의 비즈니스 모델은 비틀스다. 네 명의 멤버는 서로의 약점을 보완하며 최고의 하모니를 보여 주었다. 멤버 개인보다 팀 전체가 더 뛰어났다. 탁월한 비즈니스 성과 또한 한 사람이 아니라 팀이어야 이룰 수 있다."

애니메이션 제작사인 '픽사PIXAR'의 인수 과정에서 애드윈 캣멀 Edwin Catmull과 존 래시터John Lasseter에게 전권을 위임하고 힘을 실어 주었던 일을 감안하면 단순 립서비스처럼 보이진 않아.

『팀이 천재를 이긴다』의 저자 리치 칼가아드Rich Karlgaard는 팀의 영향력에 대해 이런 말을 했어.

"전 세계 기업인들이 공통적으로 잘못 생각하는 것이 있다. 사람들은 기업인 리더, 트렌드 세터 한 사람의 영향력에 너무 크게 의존한다. 경영진과 투자가들은 천재적 인재를 과대평가하고 천재적 팀은 과소평가하는 경향이 있다."

동기 부여 전문가로 유명한 대니얼 코일Daniel Coyle 역시 『최고의 팀은 어떻게 만들어지는가』에서 "높은 성과와 최고의 호흡을 자랑하는 팀이 만들어지는 과정에서 뛰어난 지능이나 폭넓은 경험은 큰 역할을 하지 않는다. 오히려 책상의 위치와 거리가 긴밀한 관계에 더 유효하다."라는 말을 했지. 그 외 수많은 권위자가 '개인보다 팀이 이긴다'라고 입을 모으는 걸 보면, 이건희 회장의 발언은 '그때는 맞았고 지금은 틀렸다'라고 할 수밖에.

에이스 팀의 허상, 아폴로 신드롬*

영국 헨리 경영대학의 매러디스 밸빈Meredith R. Belbin과 그의 연구팀은 '최고의 팀은 어떻게 만들어질까?'라는 주제로 수십 년간 실험과 연구를 거듭했어. 그들의 초기 가설은 명확했지. '뛰어난 사람들을 모아 놓으면 자연히 성과가 높아질 것'.
벨빈과 연구팀은 사전 진단으로 가장 뛰어난 지능을 지닌 사람

✳ 아폴로 신드롬 : 『팀이란 무엇인가』, 매러디스 밸빈, 2012, 라이프맵

들을 모아 '아폴로팀'으로 분류하고 경영게임을 통해 평범한 팀과 그 성과를 비교 분석했지. 그런데 놀랍게도 가설과는 달리 '아폴로팀'은 일관되게 중하위권에 머무를 뿐이었어. 수십 년간 반복된 결과는 그 사실을 명확히 해 주었지. 연구팀은 이를 '아폴로 신드롬'이라 불렀어.

이는 이른바 에이스 팀의 허상을 적나라하게 파헤친 것인데, '아폴로'라는 명칭은 미국 항공 우주국인 NASA에서 따왔어. NASA는 뛰어난 지능의 집합체답게 우주 과학 분야에 지대한 공헌을 했지만, 1986년 챌린저호 폭발사고, 2003년 콜롬비아호 폭발사고를 연달아 겪으며 조직 내 심각한 문제가 있음을 시사했지.

밸빈과 연구팀은 NASA의 요청으로 내부에 들어가 조직을 관찰한 후 왜 이런 문제를 겪고 있는지 원인을 발견했어. 결과는 바로 나왔지. 각자가 서로 너무 잘난 나머지 타인의 의견을 경청하지도 않을뿐더러 사사건건 자신의 주장이나 견해를 굽히지 않는 독불장군들이 난립하고 있었던 거야. 그로 인해 파트너십은 모래알이 되고, 침묵의 문화가 만연해져 결국 대형 참사를 이끈 원인으로 작용했다는 결론을 내렸지. 1+1=3 이 아니라 1+1=-1이 되고만 거야.

밸빈과 연구팀은 약 30년에 걸친 연구와 실험, 데이터의 축적으로 팀 성과를 일관되게 예상해 낼 수 있는 경지에 도달했어. 이들이 발견한 최후의 통찰은 '한 사람의 압도적 천재보다 뛰어난 조직력이 성과를 낸다'는 점이었어.

신입의 직격, 그 두 번째는 **팀으로 일하기, 바로 '짤 직織'**에 대한 이야기야. 튼튼하고 질 좋은 씨실과 날실이 교차하여 촘촘히 엮일 때 최상품의 직물이 만들어지는 것처럼, 아무리 뛰어난 개인이라도 혼자서는 결코 일정 수준을 뛰어넘는 성과를 낼 수 없다는 진리를 확인했어. 이 명백한 사실 앞에 우리는 조금 더 겸손해질 필요가 있어. 나 자신에 대한 확신, 자신감, 자존감을 세우고 유지하는 일과는 별개로 언제든 내가 가진 지식, 관점, 믿음이 틀릴 수도 있다는 가능성을 인정하는 일, 타인의 관점을 편견 없이 듣고 보고 받아들이는 열린 자세야말로 신입의 핵심 자질이야. 조직의 질서, 표준, 기준에 익숙해지기도 전에 혼자만의 방식으로 튀어봤자 조직력을 해치는 불량품으로 인식될 여지가 커. 특히 그 튀는 존재가 신입이라면 말이야.

아무리 스펙 좋고, 똑똑하고, 대단한 능력자라는 확신이 있더라도 스티브 잡스만큼, 일론 머스크만큼의 영향력을 지금 당장은 끼칠 수 없다면, 일단은 스며들고 동화되려는 노력이 먼저라고 봐. 그 과정에서 타인에 대한 안목과 존중심을 갖고, 다양성을 인정하고, 각자의 강점을 강화하며 시너지를 낸다면, 팀과 개인은 함께 성장하며 성과도 내는 선순환을 일으킬 수 있다고 확신해.

그러려면 무엇보다 필요한 신입의 자질은 '공감 능력'과 '관계

맺기'야.

명심해. 업무일지는 혼자 쓴 일기 같아선 안 된다는 걸.

감정이입
: 너 혹시, T야?

사무실, 카페, TV 예능까지 곳곳에서 MBTI를 주제로 한 대화가 들려오는 걸 보면 MBTI의 인기는 여전한 모양이야.

사실 MBTI는 전문가들 사이에서 '정교한 중국 포춘쿠키' 취급을 받는 유사과학에 가까워. 응답자의 39~76%는 재검 시 다른 유형으로 진단되는 경우가 많아서 신뢰성과 유효성이 보장되지 않고 측정 항목의 예측동력이 없어 일반화하기 힘들기 때문이야.

나 역시 처음엔 INFP였다가 또 언제는 INFJ가 되기도 하고, 또 어떤 경우에는 E 성향이 절반에 가까워질 때도 있더라고.

특히 흥미로운 건 이성적이냐 감성적이냐를 구분 짓는 T/F 영역이야. 상대가 내 이야기에 공감하지 못할 때 "너 T야?"라고 묻는 일도 흔해졌어. 보통 T는 이성적, F는 감성적으로 알고 있지.

그런데 완벽한 T, 그러니까 공감 능력이 0에 가까운 사람이 실제로 존재한다면 어떤 일이 생길까? 그때도 "너 T야?"라며 웃어넘길 수 있을까?

비록 유사과학이지만, T와 F의 공감을 전문용어로 구분하자면, T의 공감은 '인지적 공감', F의 공감은 '정서적 공감'으로 분류할 수 있어. 누군가 감정적 공감력 없이 순수 100% '인지적 공감'밖에 할 수 없어 보인다면 한가하게 'T냐, F냐'를 따지며 아이스브레이킹이나 할 문제로 끝나지 않아. 앞서 논의한 바 있는 '소시오패스'의 가능성을 시사하는 결정적 단서가 되기 때문이야.

학교 현장은 물론 스포츠계, 기업계에 이르기까지 사회 전반에 걸쳐 집단 괴롭힘과 따돌림 등 문제가 끊이지 않는 데는 공감 능력이 완전히 결여되었거나 양심이 없는 존재가 그 원인이 아닐까 하는 합리적 의심을 지울 수 없어.

샐리-앤 테스트Sally-Ann test

샐리-앤 테스트Sally-Ann test는 만 5세 이전의 아이들을 대상으로 한 인형극 실험이야. '샐리'라는 인형과 '앤'이라는 인형 앞에는 천으로 덮인 바구니가 각각 놓여 있어. 샐리의 바구니 안에는 구슬이 들어있지. 샐리가 자리를 뜨자 앤이 샐리의 바구니에서 구슬을 꺼내 자신의 바구니에 집어넣고, 샐리가 다시 돌아와 구슬을 찾는 상황극을 연출한 후 아이에게 질문을 해.

"샐리는 자신의 구슬을 어디에서 찾을까?"

아이는 앤의 바구니를 가리켜. 자신이 구슬의 행방을 알고 있으니 샐리도 알 거라고 생각하는 거야. 만 5세 이전의 아이들은 타인이 자신과 다른 관점을 가질 수 있다는 관점 획득Perspective taking이 생기지 않았기 때문이야.

대략 만 5세가 지나면 아이는 타인의 입장에서 생각하는 관점이 생기고, 이는 타고난 공감 능력을 더 강화하는 계기로 작용해. 이른바 사회화가 진행되는 거지.

문제는 자연스러운 공감의 진화가 어느 순간 멈추기도 하고, 심지어 퇴화하기도 한다는 점이야. '높은 자리에 오르면 보이는 게 다르다'라는 말을 들어봤지? 평소 공감도 잘하고 주변 사람들과도 잘 어울리던 사람이 직책을 맡은 순간, 마치 다른 사람이 된 듯 돌변하는 일이 잦은 이유야.

뇌과학이나 심리학 등 학계에서도 '높은 자리에 오를수록 공감 능력은 떨어지고 윤리성과 도덕성은 옅어지지만 자기 확신은 올라간다'는 사실을 꾸준히 입증하고 있지. 즉, 자기 자신을 있는 그대로 들여다볼 수 있는 '메타인지'가 나이가 들수록 떨어지는 데다, 지금의 위치 그 자체가 지난 행적의 성공을 보여 주는 '증거'로 작용해 내가 맞다는 '인지편향'이 강해지기 때문이야.

너무 많이 알아서 다른 사람이 자신이 알고 있는 것을 모를 수도 있다는 사실을 이해하지도 받아들이지도 못하는 상태, 즉 '지식의 저주'에 빠지는 일과도 일맥상통해.

앞서 소개했던 소시오패스, 즉 선천적으로 공감 능력이 완전히 결여된 문제적 종족이 아니라면, '내 공감 능력이 쇠퇴할지도 모른다', '내가 아는 것이 전부가 아닐지 모른다'는 관점을 유지하는 것만으로도 관점 획득을 유지하는 데 유리해질 수 있어.

MBTI를 묻는 마음으로

유사과학이나 성급한 일반화의 논란에도 불구하고 최근의 MBTI 열풍은 긍정적인 면이 더 크다고 봐. 자기밖에 모르는 'MeMeMe 세대'까지 등장한 '초개인주의' 시대에 타인의 성향에 이렇게나 관심이 많았던 적이 있었을까 싶어서야.

다만, "너 T야?"라는 질문이 확정적 일반화로 작용해 '이런 사람은 피해야겠다'라는 스크리닝의 목적이 되어선 곤란해. 유사과학 MBTI로는 정말로 공감 능력이라곤 1도 없는, '인지적 공감'밖에 할 줄 모르는 문제적 존재를 판별해 낼 수도 없을뿐더러, 그저 나와 다를 뿐인 평범한 사람을 상종 못 할 문제적 존재로 오해해 괜한 분란을 조장할 가능성만 높아지니까.

한편, "그래, 나 T다. 공감 능력 없다. 그래서 뭐 어쩔 건데?"라는 태도로 일관하는 대문자 T들의 과도한 자기 확신도 위험하긴 마찬가지야. 상대적으로 40대 이상, 고위직 남자 중에 많은데, 그

93

본심에는 '정서 결여'를 대놓고 드러냄으로써 스스로를 '이성적인 사람', '스마트한 엘리트'로 포지셔닝 하려는 속셈도 읽혀. 하지만 그게 사실이라면 정말 깜짝 놀랄 일이야. 공감의 스펙트럼에 속한 평범한 존재가 아니라는 자기 고백이거나 세계 최초의 인간 AI 출현일지도 모르기 때문이지.

앞서 인구통계학상 비율을 살펴봤듯, 나를 포함한 내 주변의 대다수는 상식 수준의 공감 능력과 감정, 양심을 가진 평범한 존재일 확률이 압도적으로 높아. 겉으로 보기에 무뚝뚝하고 감정적으로 메마른 사람처럼 보이더라도, 그들의 마음 깊은 곳 어딘가에는 인간으로서의 감정을 감지하고 느끼는 '정서적 공감'이 반드시 잠재되어 있다는 뜻이지. 어떤 이유로 그 원석이 지금까지 미처 발견되지 못했고, 보석으로 강화될 계기가 만들어지지 않았을 뿐이야.

'나는 공감 능력이 부족해. 그래서 뭐 어쩌라고?'라는 마인드로는 평생 그 자리에 머무를 수밖에 없어. 관계에 있어 뭔가 문제가 있다 여겨진다면, 머릿속에 공감의 스펙트럼을 그려놓고 나는 어디쯤 있는지 들여다보는 습관을 가져 봐.

타인의 입장을 직접 겪어보는 일이야말로 공감 능력 강화를 위한 가장 좋은 방법이지만, '만약 나라면 그 상황에서 어땠을까?'라는 상상을 해 보는 것만으로도 건강한 관계를 유지할 가능성은 높아질 테니 말이야.

높은 자리에 오르면 보는 것이 달라진다

"J 팀장 그렇게 안 봤는데 팀장 되고선 사람이 완전히 달라졌더라고."

팀원 시절엔 인간적이고 온화하고 타협과 대화를 좋아했던 사람이 직책을 맡은 순간 성과 중심적이고, 공격적이고, 일방적인 데다 권력 지향적이 되는 경우는 얼마나 잦을까? 그렇게 돌변하는 이유는 무엇일까?

바로 '높은 자리에 오르면 보는 것이 달라지기 때문'이야. 그리고 권한은 물론, 책임의 범위가 커지기 때문이기도 하지. 우리 역시 어떤 자리에 올랐을 때 지금과는 어떻게 바뀔지 결코 장담할 수 없는 이유이기도 해.

팀원일 때는 지붕 같은 존재가 있어 한발 물러서 볼 수 있었지만, 직책을 맡게 되면 스스로 지붕이 되어 직접 오더를 받아내야 하니 관점 자체가 윗선에 쏠릴 수밖에.

한마디로 높은 자리에 올라서 보이는 게 달라지면 지극히 경쟁 지향적인 그들만의 리그에 매몰되고 차츰 동화되면서 지향점이 달라지지. 더 높이 올라갈수록 설 자리가 좁아지는, 뾰족한 피라미드형 구조인 기업 현장에서 살아남으려면 더 성과 지향적이 되고, 더 권력 지향적이 될 수밖에 없어.

애초에 그런 성향이었다면 몰라도 그렇지 않았던 이의 변화는 특히 더 두드러져 보일 수밖에. 변화 자체를 부인하거나 거부할 수는 없어. 그렇지만 많은 이가 납득하지 못할 수준으로 돌변한다면 당사자 개인은 물론, 조직 전체에도 결코 좋은 영향을 미칠 수 없어. 이해 가능한 선에서 자신의 변화를 모두에게 납득시키려면 방법은 하나뿐이야.

바로 '높은 자리에 오르면 보이는 게 달라진다'라는 가능성을 스스로 경계할 수 있어야 해. 윗선에 포커싱된 관점을 때때로 부하직원, 동료들에게로 돌려서 의도적인 소통의 기회를 틈틈이 만들어야 해. 그 과정에서 '내가 지금 미처 못 보고 있는 건 무엇인가?'를 반문하고, 스스로의 내면은 물론 그들을 통해 들을 수 있어야 해.

위로 한껏 쏠린 시선이 완전히 천착 되기 전에, 수시로 두 눈을 내려 주변과 아래를 내려보고 일반 팀원이었을 때의 감각, 공기, 무드를 되살려 보는 노력이 무엇보다 절실해.

"너 혹시 T야?"라고 누군가 묻거든,

가만히 멈춰 서서 곰곰이 그 질문의 이유와 그에 대한 답을 찾아봐.

다양성
: Better보다 Differ

"다들 똑똑하긴 한데…."

20여 년 전 S그룹 재직 당시 이야기야. 함께 그룹 공채에 참여했던 한 메이저 계열사 채용담당자는 심각한 표정으로 말을 꺼냈어.

"… 하나같이 말 잘 듣는 도련님 스타일들만 남더란 말이야. 좀 튄다 싶은 애들도 막상 뽑아놓으면 1년을 버티지 못하고 나가버리거나, 남더라도 기존 사람들처럼 돼버린단 말이지."

공들여 뽑은 신입들의 전형성, 획일성에 대한 우려였어. 지금은 좀 달라졌을까? 글쎄, 솔직히 회의적이야. 아니, 20년이 흘렀지만 전혀 바뀌지 않았을 거라고 확신해. '학벌중심'의 엘리트주의에 대한 사회적 믿음이 굳건하기 때문이야. 머리 좋은 사람이 일도 잘한다는 선입견은 여전히 신앙에 가까워.

이런 믿음이 수십 년 기업경영을 관통하는 동안 '가슴은 차갑지만 머리는 뜨거운' 엘리트들은 대거 기업현장에 유입되었고, 그들은 극한 경쟁에서 살아남아 요소요소 높은 자리에서 자신과 닮은 꼴, 클론을 대거 양산해 왔어.

인간의 제1 본능은 뭐니 뭐니 해도 '생존' 아니겠어? 내 안전과 생명을 위협할 수 있는 '미지의 존재'를 경계하는 습성은 원시시대부터 이어져 온 진화의 산물에 가까워. 들판에는 맹수가 득실거리고, 어둠이 내린 산골짜기 저편에선 언제 낯선 존재들이 무기를 들고 쳐들어올지 모르는 야만의 시대에 '다름'은 최소의 경계 신호였을 거야. 어떤 조직이든 생존을 위해 자신과 비슷한 사람들을 선호해 왔을 가능성은 매우 높지.

시각과 청각은 피부색과 언어, 혹은 말투의 차이 같은 것으로 '다름'을 인지하고, 편도체는 나에게 해가 되는지 그렇지 않은지를 즉각 판단하도록 진화해 왔어. 이전의 정보가 없다면 우리와 온전히 다른 그들을 '침입자'라고 판단했을 가능성이 더 높지. 자신과 다른 세력이 힘이 없고 약하다는 것을 알아채면 오히려 공격성을 띠기도 했을 테고.

발달심리 연구에 따르면 인간은 6~7세에 이미 인종과 성별에 따라 타인에 대한 고정관념을 형성하기 시작하고, 생후 9개월의 영아도 가장 많이 접한 인종이나 피부색을 선호하는 경향을 보인 다고 해. '사회인지Social cognition'는 '대인관계나 사회 적응을 위한 행 동을 결정하는 내재적 과정에서 습득된 타인의 감정, 의도, 사회 적 행동을 이해하는 능력'을 말하는데, 우리 편(내집단) 구성원에 게는 편안함과 친밀함을, 다른 편(외집단) 구성원에게는 불편함과 적대를 만드는 결정적 요인으로 작용해. 결국 우리 사회에 만연한 획일화와 그로부터 파생되는 편가르기 습성은 타고난 본성과 사 회적 학습의 산물이라고 할 수 있지.

그런데 이런 습성이 요즘 시대에도 유효할까? 문명화가 된 이 래 인류는 더 이상 들판을 전전하지 않고, 맹수의 위협에서도 벗 어났고, 호시탐탐 나와 내 가족의 생명과 식량을 노리는 미지의 적도 '공식적'으로는 존재하지 않아. 자연히 인간의 본성에 잠재되 어 있는 '다름'에 대한 경계, 편향과 편견, 외집단에 대한 적대감 같 은 본성은 그 생태적 필요성을 상실한 지 오래야.
사회적으로도 표면적인 변화는 명백해. 미국, 유럽을 포함한 서 방 선진국들은 '인종차별'을 포함한 각종 차별과 혐오를 '범죄'로 인식하고 제재하고 있어. 기술의 발달로 거리, 언어, 국경 등 물리 적 경계가 사실상 무의미해지고, 전 지구를 대상으로 한 사업들이 속속 전개되면서 국가와 인종, 문화권의 교류가 급격히 확대된 마 당에 '다름'으로 인한 경계와 편향, 차별은 오히려 일의 진척을 방해하는 장애 요소로 인식되고 있어. 거기에 문화적, 인종적 다양성이야말로 창의성의 원천이라는 진리 또한 깨닫게 됐지.

무엇보다 변화의 속도가 이전과는 비교도 할 수 없을 만큼 빨라. 3년여의 코로나 팬데믹과 AI 기술의 탄생 등 급격한 기술발전을 겪으면서 이전의 정답은 모두 폐기될 위기에 처했어. '근면 성실'을 기치로 양적 팽창을 거듭해 오던 기업들은 이제 한 차원 높은 본질적 가치를 만들거나 적응하는 데 온 힘을 기울이고 있어. 더 이상 누군가 정해놓은 답을 달달 외워서 높은 점수를 받는 데 능한 이들이 엘리트로 군림할 수 없게 됐어. 혁신은 이제 먼 미래의 뜬구름 잡는 이야기가 아니라 우리가 현실에서 맞닥뜨리고 즉시 내 것으로 흡수하지 않으면 안 될 시대적 사명이 된 거지.

Better보다 Differ

포드 모터 컴퍼니의 창설자인 헨리 포드Henry Ford가 대중에게 "무엇이 필요한가?"라고 물었더니, "더 빠른 마차"라고 대답했던 것처럼 이미 존재하는 것을 조금 더 낫게 만드는 수준으로는 혁신은 결코 이루어지지 않아. 최초의 자동차인 T시리즈 실물이 세상에 모습을 드러낸 이후에야 사람들은 말馬과는 차원이 다른 교통수단이 있을 수 있다는 사실을 깨달았지.

"Difference is Reference.(다름이 모범이다)."

창의성은 서로 다른 요소가 결합될 때 활발해져. 예를 들어, 애플은 디자인과 기술을 결합해 혁신을 이뤘고, 스티브 잡스는 "가장 창의적인 사람은 다양한 경험을 연결하는 능력이 있다."고 말했지. 조직에서도 '다름'은 위협이 아니라 새로운 가능성으로 받아들여져야 마땅해.

다양성은 자연계에도 매우 중요한 이슈야. 종의 획일성은 멸종을 부를 만큼 치명적이거든. 그 대표적 사례가 바로 우리가 즐겨 먹는 바나나야. 한때 바나나 대표 품종은 '그로미셀'이었는데, 전염병(파나마병)에 취약해 순식간에 멸종했어. 지금 우리가 먹는 품종은 '캐번디시'라는 종으로 파나마병을 대비해 개량됐지만, 캐번디시 역시 단일 품종인 만큼 또 어떤 전염병이 돌아 멸종될지 알 수 없어.

인간은 사회적 존재야. 혼자서는 살아갈 수 없고, 환경과 타인의 영향을 받을 수밖에 없지. 또한 언제든 오류를 일으킬 수 있는 불완전한 존재이기도 해.

자신이 한 치의 오류도 없는 '완벽한 존재'라고 착각하는 사람은 위험해. 속으로는 편견으로 똘똘 뭉쳐 있지만, 겉으로는 안 그런 척 가면을 쓴 위선자 역시 위험해. 상대는 물론 자신조차 기만할 때, 편견과 차별 문제는 더 이상 공론화되지 못하고, 음지로 스며들어 마치 곰팡이처럼 퍼져나가 관계 전체를 뒤덮을 테니 말이야.

'다름'은 '위협'이 아니라 오히려 '기회'라는 인식의 전환이 쉽지만은 않아. 의식적으로 노력해야 하는 어려운 일이야. 최종적으로는 행동으로 옮겨야 하지. 말과 생각으로만 그치는 게 아니라 온몸으로 실제 부닥쳐 보는 일이야. 처음엔 불편하지, 이질감이 느껴지는 '다름'의 대상과 직접 접촉하고 말을 나누고, 왜 그렇게 생각하는지 묻고 듣는 실질적인 교류가 일정 기간 이어진 후에야 '다양성 포용'은 비로소 진척이 돼.

다행히 조직 내 '다름' 이슈는 생각보다 크지 않아 보여. 채용 과정에서 비슷한 교육을 받은 인재들이 선발되고, 입사 후에도 적응 과정을 거치며 일정 부분 동화되기 때문이지. 조직 내 다양성은 '외계인과 인간'의 차이보다 '내향형과 외향형' 같은 미묘한 차이에 가까워. 열린 태도로 서로를 이해하면, 획일성보다 다양한 시각이 형성되어 조직에 기여할 수 있지. 별 시답잖은 이유로 서로 편을 가르고 이전투구로 치고받으면 결국 손해 보는 건 자기 자신이야. 궁극적으로는 조직 전체의 실패로 귀결될 수밖에 없어.

인간은 다양성이 디폴트 값이고, 나를 포함한 누구도 완벽할 수 없다는 인식. 서로의 장점과 단점을 보완하고 강화해 주는 관계 설정이야말로 개인과 조직 전체가 함께 발전할 수 있는 유일한 길이라는 진리를 잊지 않는다면, 서로의 다름을 기회로 여기고 함께 더불어 성장해 나갈 수 있게 될 거야.

전략적 사고
: '의도ㄲ'라는 무기

나는 비교적 '순진한' 직장인이었어. '순진'이라는 단어는 그 자체로 가치 중립적이기도 하고, 긍정적 표현 같지만, 직장인의 언어라면 그다지 좋은 뜻은 아니야. 알다시피 회사는 영리를 추구하는 조직이야. 물론 전통적으로 고용의 상당 부분을 담당하고, 최근엔 ESG*등 사회 공헌도 하지만, 기업의 본질은 시장경쟁을 통해 이익을 추구하고 영구히 존속 발전하는 일이지.

"회사는 전쟁터, 밖은 지옥"이라는 말이 괜히 나온 게 아니야.

조직 내부 역시 자본주의 원리로 돌아가. 정도의 차이는 있지만, 구성원들은 각자의 이익에 따라 생각하고, 말하고, 판단하고, 행동

---

* ESG : Environment, Social, Governance(기업의 지속적인 성장을 위한 핵심 가치)

하지. 그 행태는 천차만별이라 일반화하고 범주화하기 어렵지만 대체로 '**관계지향**'이냐 '**과업지향**'이냐에 따라 구분되는 것 같아.

'**과업지향**'은 업무 자체에 더 큰 관심이 있는 부류야. 무엇보다 일의 과정과 완결성에 중점을 두고, 성과와 실력에 따라 객관적으로 평가받고, 처우도 받을 것이라 믿는 편이지.

'**관계지향**'은 조직 내 역학관계에 더 열을 올리는 부류야. 누가 힘이 센가? 실세인가? 따위에 민감해서 공적, 사적 관계를 맺고 유지하는 데 관심이 많지. 말하자면 '사내 정치'에 특화된 사람들이야.

대체로 두 성향을 모두 가지고 있지만, 어느 한쪽에 극단적으로 치우치는 경우는 아무래도 드물어. 보통의 직장인이라면 적당히 일에 몰입하면서도 은근히 조직 내 힘겨루기에도 관심이 많지. 문제는 양극단에 놓인 사람들이야. 지나치게 의도적이거나 의도적이지 않거나. '관계지향적', 그러니까 사내 정치에 올인한 사람은 모 아니면 도야. 이 조직에서 누군가의 눈에 들어 줄을 타지 않는 이상, 실력은 제자리걸음일 테니 이직도 힘들어. 거의 모든 행동과 말에 의도가 있고 상대도 그럴 것이라 생각해. 그래서 더 이를 악물고 악착같이 권력자를 찾아 이와 잇몸처럼 한 몸이 된 듯 굴어서 함께 승승장구하거나 버림받게 되지.

과업지향의 극단 역시 모 아니면 도이긴 마찬가지야. 일과 관계에 어떤 의도가 있다는 생각 자체가 없어. 사내 정치 따위 관심도 없고 일에만 매몰된 탓에 조직 전체가 나아가려는 맥락을 못 짚고 눈치도 없어. 자칫 고집만 센 독불장군으로 보이기 십상이야. 자기애가 과해 때로는 유유자적 외로운 늑대라고 여기지만, 그냥 아웃사이더일 뿐이야. 그 분야에서 압도적인 퍼포먼스를 내는 진짜 전문가 수준이라면 몰라도 회사라는 조직은 개인 한 사람에 그다지 관심을 주지 않아.

부끄럽지만 내가 바로 그런 부류였어. 17년 가까이 범 HR 분야에서만 일했고, 전사의 조직문화를 책임지는 위치에서도 '진정성'과 '실력'만 있으면 된다고 생각했으니까. 돌이켜 보면 이런 종류의 일일수록 조직 내 힘의 구도라든지, 사람 관계라든지, 정보가 흐르는 메커니즘 따위를 제대로 파악해 '전략적'으로 판단하고 행동해야 했어. 자연히 일에 대한 진정성은 몰라도 실력은 제자리에 머물렀지. 작은 성취에 만족하고 안전지대에 머물러 게으름을 피우면서도 당시에는 그저 내 진정성을 회사가 몰라준다고만 여겼어. 우물 안 개구리였지.

회사의 제도를 만들거나 개선할 때 가장 중요한 요소가 바로 의도야. '왜 그렇게 했는가?', '진짜 목적이 무엇인가?'를 들여다보는 일. 그것이 혹여 회사 측의 이익에만 치중하거나 그 일을 행하는 측의 일방적 성과로 향한다면 피해를 보는 건 구성원일 테니 말이야.

당해도 알고 당하자

직장에서 '순진하다'는 평판은 상대의 의도를 잘 파악하지 못하고 맥락을 볼 줄 모른다는 낙인이기도 해. 이 말은 곧 '전략적 사고'가 안 된다는 의미이기도 하지. '나와 상대의 의도를 어떻게 다루느냐'가 전략의 핵심이기 때문이야.

왜 이 일을 하는지 목적이 분명해야 하는 회사 업무 특성상, 일의 의도를 정확히 포착해 적절히 대응하는 일은 실로 중요한 역량이야. 마음을 움직여 설득하고, 서로 원하는 바가 무엇인지 맞춰가는 협의를 할 때도 중요하지만, 상대의 의도에 불순한 무언가가 섞였을 때 그것을 포착해 적절히 대처하지 않으면 어떤 위험에 빠질지 모르기 때문이야.

'내가 순수하고 진정성이 있으니까 상대도 그렇게 나를 대하겠지?'라고 생각한다면 오산이야. '아 쟤는 정말 아무것도 모르는구나'라는 빈틈을 포착한 순간, 자신의 의도는 교묘히 숨기고 그 빈틈을 파고들어, 상대를 기만하고 조종하고 반칙을 써서라도 제 이익을 챙기려는 사냥꾼들은 널렸으니까.

상대의 무기화된 의도를 파악해 '이 사람이 내 의도를 눈치챘구나'를 간파하게 해서 함부로 행동하지 못하도록 예방하는 게 무엇보다 유용해.

그런 의미에서 의도는 '도끼'야. '얼마나 좋은 도끼를 가졌느냐'

가 먼저고, 그다음은 그 도끼를 '남을 해치는 무기로 쓰느냐', '나무를 베는 도구로 쓰느냐'의 문제로 이어져. 좋은 도끼를 가졌지만, 그것을 무기로 쓰려는 사냥꾼이 내 근처에 있다면 나 역시 좋은 도끼를 가지고 스스로를 지킬 수밖에.

전략적 사고, 계산적 사고란 무기가 아닌 도구로서 '의도'를 이해하고 바르게 활용하기 위한 지적 활동이야. 나 하나를 위해 모두를 희생하는 '제로섬 게임'이 아닌, 나도 좋고 상대도 좋은 'Win-Win 게임'을 위한 것이어야 한다는 사실 또한 잊지 마.

계산적인 사람이 돼라

농심기획 대표이자 카피라이터인 이원홍은 자신의 책, 『남의 마음을 흔드는 건 다 카피다』에서 '계산적인 사람이 돼라!'라고 주장했어. 계산적인 사람이 되라니? '계산적인 사람'은 보통 자신의 이익만을 위해 재고 따지는 부정적 이미지잖아. 심지어 이 문장은 고등학생이 된 딸과의 일화를 담은 글의 제목이었어.

딸의 학교에서 보낸 가정통신문의 '메시지란'을 써야 하는 상황이었어. 아무 생각 없이 볼펜을 들어 몇 자 쓰려는데 문득 이런 생각이 들었다는 거야.

'이 메시지를 가장 처음 보는 사람이 누굴까?'

그건 바로 딸이었어.

'아빠가 나에 대해 어떻게 써줬을지 궁금해서 먼저 읽어 보겠지?'

그래서 계산을 했다는 거야. 아빠의 사랑과 믿음이 전해지도록 딸을 위한 메시지를 쓰자라고. 그 계산은 보기 좋게 적중했어. 시간이 흘러 성인이 된 딸이 그날 아빠가 적어준 메시지가 지금도 잊지 못할 기억이 됐다는 고백. '아~ 그런 의미라면…' 고개를 끄덕였지.

다른 사람을 기쁘게 하거나 서로 잘되자는 의미의 계산적 행동이라면 얼마든지 자유자재로 의도를 사용해도 무방해. 이런 의도야말로 그 누구도 피해를 보지 않고 모두 좋아지는 건강한 노림수일 테니.

갈등

: 갈등아, 놀자!

'짜장면 먹을까? 짬뽕 먹을까?'

중대한 프로젝트 투자부터 점심 메뉴 결정까지 우리 일상은 크고 작은 갈등의 연속이야. 특히나 성장배경도 성격도 제각각인 사람들이 모인 '회사'라는 조직에서 갈등은 일상다반사지. 물론 갈등이 긍정적인 현상은 아니야. 서로의 의견이나 마음, 스타일이 안맞아서 생기는 관점의 충돌일 테니, 갈등이 쓸데없이 커지면 해결에 소모되는 기회비용이 커지고, 때에 따라 돌이킬 수 없는 치명상을 남기기도 하니까.

그런데 세상일이 어디 좋기만 할까? 좋을 때 좋은 건 아무 의미 없어. 위기와 갈등은 예측할 수도, 피할 수도 없지. 평소엔 별문제 없어 보이던 조직도, 막상 위기가 닥치면 이해관계로 인해 충돌이 벌어지고 내재된 문제가 터져 나와. 그 과정에서 각자의 본색이 드러나는 일도 허다해.

특히 '나는 절대로 틀릴 리가 없다'고 믿는, 자기객관화가 부족한 사람들이 많은 조직이라면 어떨까? 여기에 결과 지향 주의까지 만연하다면, 개인 간 갈등은 물론 조직 간 갈등으로 '사일로 현상(일명 '부서 이기주의', 기업 등 조직을 이루는 부서가 조직의 공동 목표와 이익보다는 자신의 부서 이익만 추구해 다른 부서와의 정보 공유 및 소통과 협력을 외면하는 현상)'도 빈번할 수밖에 없어.

한 치의 물러섬도 없는 극한 갈등 끝에 어느 한쪽의 일방적 승리로 끝났다 해도 남는 건 상처뿐이야. 전체의 합으로 보면 반드시 마이너스가 되고 말지.

그렇다면 갈등이 아예 없는 조직이 이상적일까? 아니, 이상적이긴커녕 오히려 위험하다고 생각해. 이를테면 병균이 두렵다고 무균실에서 아이를 키우는 일과 같아. 신체의 면역력은 일정한 병원균이 체내에 들어와 항균 작용을 통해 생기고 강화된다는 점을 감안하면, 평생 무균실에서 자란 아이는 자신의 몸을 보호할 항체를 만들 힘을 잃게 되지.

조직도 마찬가지야. 갈등이 두려워 일종의 '무갈등 원칙'을 세운다면, 눈에 보이는 문제와 의견 차이를 외면한 채 '좋은 게 좋은 거'라며 가스라이팅으로 덮어버린다면, 그런 조직을 과연 건강하다고 할 수 있을까?

미국의 위대한 투자가이자 헤지펀드 매니저, 브리지워터 어소시에이츠 CEO인 레이 달리오 Ray Dalio는 이렇게 말했어.

"갈등은 생산적이다. 갈등을 피하려 하지 마라. 그리고 논쟁에서 이기려고 하지도 마라. 내가 틀린 상황은 매우 가치 있는 경험이다. 한 가지라도 배우지 않았는가?"

이는 갈등이라는 주제를 다루는 수많은 컨설턴트가 공통으로 주장하는 명제이기도 해.

갈등은 양날의 검이야. 어차피 없앨 수 없는 기본값이라면, '어떻게 이 갈등을 활용할 것이냐?'의 문제에 골몰하는 게 더 생산적이지. 갈등을 기회로 여기고, 서로의 입장을 고려해 상호작용할 때 생각지도 못했던 해결책을 발견해서 'Win-Win'으로 이어진 증거와 사례는 셀 수 없이 많아. 혹여 합의에 실패하더라도 그 과정에서 얻는 통찰 역시 조직에 가치 있는 자산으로 남아.

웹툰 〈미생〉의 한 장면. 영업부장은 재무부장과 대치 중이야. 영업팀에서 올린 업체 선정 기안이 재무팀에 묶여 있는 탓이지. 재무팀은 수치상 부실한 부분이 있으니 이를 채워 넣거나 업체를 아예 교체하라는 입장이야. 영업팀은 이미 업체 검토를 끝냈고, 더 이상 대안은 없다고 사정해 보지만 재무부장은 완강해. 영업팀도 이 건 때문에 발목이 잡혀 일이 진척이 안 되고 있어.

영업부장은 기분이 상한 채 사무실로 돌아와 오상식 차장에게 문자를 보내.

'자네가 재무팀 부장 좀 만나고 와.'

오 차장은 뜨악해하면서도 재무팀 사람들에게 전화부터 걸어.

"김 과장, 난데. 자네 팀 요즘 별일 없나?"
"어~ 박 차장, 부장님 요즘 스트레스가 많으시다며?"

몇 차례 통화를 통해서 재무부장이 신재생 에너지 팀과 갈등 상황이라는 정보를 사전에 입수하지.
미팅룸, 오 차장은 커피 한 잔을 탁자 위에 놓아두고 재무부장을 맞이해. 눈앞의 커피를 멀찌감치 밀어내고 맞은편에 앉은 재무부장은 이렇게 입을 열어.

"자꾸 이렇게 졸라 봤자인데….”
"조르다뇨. 그렇지 않습니다.”

오 차장은 신재생 에너지 팀과의 이슈를 먼저 꺼내며 재무부장의 편을 들어. 재무부장은 기다렸다는 듯 고충을 털어놓고, 오 차장은 경청해. 중간중간 추임새도 넣고 맞장구도 쳐. 한참을 하소연하던 재무부장, 문득 자신이 제쳐둔 커피잔에 손을 뻗어 제 앞으로 가져오지. 그리고는 한 모금 마셔.

"음…, 맛 좋은데요? 자, 그럼 투덜거림은 이 정도로 하고 업무 이야기 할까요?"
"아닙니다. 듣고 보니 저희 역시 이해와 설득에서 좀 서툴렀던 것 같습니다. 다시 준비해서 찾아뵙겠습니다."
"일단 봐요…."

오 차장은 마지못한 듯이 자료를 건네.
결과는 예상대로야. 영업팀의 제안은 재무팀을 통과해. 의기양양한 표정으로 사무실로 돌아온 오 차장. 장그래와 김 대리는 놀라워하며 오 차장에게 이렇게 질문해.

"와, 차장님, 어떻게 설득하신 거예요?"
"나는 들어보고 정말 안될 것 같으면 다른 업체를 찾아야 한다고 생각했었거든."

그러고 보니 오 차장은 '승인 부탁'의 'ㅅ'도 꺼내지 않았어.

갈등은 기회야

신입이라면 조직 내 갈등에서 비교적 자유로운 편이지. 아예 없을 수는 없지만, '아직 신입이니까'라는 일종의 신입 프리미엄이 유효한 데다 실제 갈등이 생겨도 기껏해야 동기 혹은 사수인 맞선임일 텐데, 그 경우라면 쉽게 갈등을 표면화하지는 못할 테니 말이야. 물론 주니어 시절을 벗어나는 즉시, 이런저런 이해관계에 차츰 얽히면서 갈등의 양상은 점점 더 다양하고 복잡해질 거야.

얼마나 좋은 기회야? 커리어 초창기부터 조직 내 '갈등'의 반작용과 순작용을 인지하고 선배들의 갈등 상황과 그 과정과 결과를 '훈련의 도구'로 활용할 수 있다면 말이야.

회사의 모든 일에는 우선순위가 있어. 순위가 높은 일일수록 어떻게든 '되게' 만들어야 하지. 그 의지가 넘쳐 '강박'에 이르면 내 입장만 앞서게 돼. 강박을 가진 주체가 만나면 서로의 입장만 내세우다 이런 말을 하게 되지.

"이거 사장님이 지시한 일이에요."

이렇게 최후의 카드를 들이밀지만 안 먹혀. 상대에겐 별로 안 중요하거든. 어찌어찌 들어준다 해도 데드라인 직전까지 끌어서 애를 끓게 하는 일도 잦아. 쉽게 갈 수도 있는 일이 괜한 갈등으로 감정싸움으로까지 치닫는 이유는 언제나 상대의 입장을 먼저 보지 않고 자기 욕심을 앞세우기 때문이야. 일은 무조건 되게 만들어야 해.

그러려면 내 속내를 철저히 뒤로 미루고, 먼저 듣고 헤아리는 습관이 중요해. 감정싸움에 이기는 게 목적이 아니라 '일이 되게 하는 것'이 최종 목적이 되어야 하니까. 내가 원하는 게 뭔지 꺼내고 싶어 입이 근질근질하더라도 허벅지를 꼬집으며 참아. 그리고 상대의 이야기를 먼저 들어. 지금 현재 어떤 상황에 놓여 있는지 최소한의 정보를 가지고 미팅에 참여해. 상대가 들어줄 마음이 생길 때까지 기다리는 인내심이야말로 어떻게든 원하는 것을 쟁취하고야 마는 '무서운 사람'이 되는 지름길일 테니 말이야.

갈등은 창의적인 충돌이자 확장이야

무엇보다 갈등은 내 좁은 시야를 깨뜨리고, 상대의 관점을 이해하며, 결국 그 수준까지 넓어지는 과정이야. '우물 안 개구리'라는 속담을 잘 알 거야. 좁은 우물에 처박혀 그 안이 세상의 전부인 줄 알고 살아가는 편협한 사람을 일컫지.

그런데 여기서 발칙한 의문이 생겨. 개구리인 상태로 우물 밖으로 나오는 건 괜찮을까? 굶주린 독수리, 뱀, 오소리들이 득실거리는 바깥세상에서 세상 물정 모르는 개구리는 과연 살아남을 수나 있을까? 우물 안에 있다는 게 문제가 아니라 개구리인 것이 문제가 아닐까?

갈등은 자신의 세계와 타인의 세계가 충돌하는 일이야. 원시지구와 충돌한 외계의 혜성들이 일으킨 화학작용이 생명 탄생의 기원이라는 가설을 감안하면, 갈등으로 인한 사회적 충돌은 좁은 시야에 갇혀 있는 개구리를 근본적으로 변화시키는 원천으로 작용할 수 있지.

갈등을 포함한 관계의 희로애락은 타인과의 상호작용을 통해 나 자신의 내면과 외연을 확장하는 일이야. 이는 어떤 방식으로든 '충돌'이라는 이벤트 없이 결코 일어나지 않아. 그러니 갈등은 배움의 장이자 나를 확장할 절호의 기회가 아닐까?

어차피 갈등은 피하고 싶어도 피할 수 없어.

그럴 바엔 무조건 부정적으로 여겨 회피하려 들지만 말고, 상대의 입장을 이해하고 내 내면을 성장시킬 절호의 기회로 잘 활용해보자고.

라포_{Rapport}
: 내가 찾지 말고, 나를 찾게 하라

"첫 만남은 너무 어려워, 계획~ 대로 되는 게 없어~"

보이그룹 TWS(투어스)의 타이틀곡 '첫 만남은 계획대로 되지 않아'의 가사 중 일부야. 노랫말처럼 처음은 뭐든 어렵긴 하지. 첫사랑, 첫 키스, 첫 출근 등등. '첫' 자가 들어가는 것치고 기대와 두려움이라는 상반된 감정을 불러일으키지 않는 일이 있을까?

첫 만남이 어려울 수밖에 없는 이유는 '라포_{Rapport}'가 형성되지 않았기 때문이야. '라포'는 '친밀한 관계'라는 뜻을 가진 프랑스어야. 타고난 외향형이라면 처음 본 사이라도 몇 년은 알고 지낸 것처럼 붙임성 있게 관계를 만들고 이끌어갈 수도 있지만, 대개 첫 만남의 그림은 쭈뼛쭈뼛, 상대가 어떤 사람인지 간 보고 탐색하는 장면으로 그려지잖아.

소개팅이라든지, 면접이라든지, 첫 출근이라든지. 그런데 이런 경우라면 그나마 사정은 좀 나아. '저 사람은 나를 모른다. 나도 그렇다.'라는 사실을 서로 충분히 인지하는 특수 상황이기 때문이야.

문제는 근무할 때야. 직장인은 자신이 하는 일에 정당성이 있다고 믿으면 처음 본 사이거나 별다른 친분 관계가 없어도 그 일을 그냥 밀어붙이려는 경향이 있어.

특히 인사나 기획 등 핵심부서의 일일수록 그렇지. 이들 부서의 일은 회사 전체에 영향을 미치는 제도를 만들거나 프로젝트성 업무가 많고, 다양한 부서가 서로 연관되어 있어 협조를 구해야 할 일도 많아. TF_{Task Force}가 구성되면 아예 인원 차출을 요청하기도 하고, 전사 교육이나 워크숍 등을 진행할 때는 현장 업무 스케줄을 조정하는 일쯤은 당연하게 여기지.

보통 이 과정에서 지원 조직과 현장 부서 간 갈등이 종종 생겨. 특히 일부 지원 조직 담당자가 현장을 마치 아래로 보는 듯한 태도를 보일 때 문제가 커지지. 분명 협조를 구해야 하는 사안임에도, 메일 한 통 '틱' 보내고 통보하는 듯한 태도에 분개하는 거야.

재밌는 건 일 돌아가는 생리를 어느 정도 안다 싶은 3~5년 차 시니어 사원, 대리급들이 이런 실수를 종종 저지른다는 거야.

"이거 사장님이 시키신 일인데요, 전사 중점 사업인 만큼 최대한 서둘러 자료 보내주세요."

이렇게 명령을 하달하는 식이라면 당장 반발심부터 일게 마련이지. 업무를 전달받는 상대도 자기 일이 있을 텐데 말이야. 이 상황에서 마음을 활짝 열고 '회사의 중요업무를 수행하는 당신, 원하는 걸 알려주세요'라며 너그러이 받아줄 현장 조직은 얼마나 될까?

나 역시 그런 실수를 더러 했지. 교육팀 시절, 나는 대리 2년 차였고 회사에 경력직으로 합류한 지 3년이 조금 넘은 시점이었어. 입사 3년쯤 됐으니 회사가 돌아가는 메커니즘은 어느 정도 파악이 끝났고, 전사 교육과 조직문화 업무를 담당하고 있었던 만큼, 거의 모든 구성원이 나를 잘 알고 있을 거라는 착각에 빠져 있던 시기였어.

회사는 크게 3개 사업부(호텔사업부, 면세사업부, 외부사업부)로 운영됐어. 그중 면세사업부는 회사의 캐시카우Cash cow로 매출 규모와 영업이익이 커서 일정 부분 독립적으로 운영되고 있었지. 자체 지원 조직이 있어 전사 조직과는 직접 교류가 많지 않았고, 사내 교육도 자체적으로 진행했어. 단, 그룹 공채 교육, 조직문화 내재화 등 전사 공통 프로그램만큼은 전사 지원 조직에서 맡았어.

면세사업부 교육을 진행했을 때의 일이야. 교육생 중에 평소에도 시니컬한 표정과 툭툭 내뱉는 말투로 분위기를 흐리는 J가 있었어. 그의 직책은 팀장. J 팀장은 아니나 다를까 워크숍 시작과 동시에 쓸데없는 농담을 하며 흐름을 끊고, 주변의 집중력을 흐리기 시작했어. 나는 벼르고 있다가 퀴즈를 내서 답을 맞히지 못하자 일종의 망신을 줬어.

"팀장님, 과정 내용을 다 아셔서 그렇게 지방 방송을 하시는 줄 알았는데 그것도 아닌 모양이네요. 우리 그룹 팀장님이라면 의례 아셔야 하는 내용 아닌가요? 팀원들이 지켜보고 있잖습니까?"

부끄러운 줄 알라는 일침이었어. J 팀장은 귀까지 빨개지며 씩씩대기 시작했고, 급기야 강의장 밖으로 나가 돌아오지 않았어. 나는 개의치 않고 워크숍을 마무리했고, 내 할 일을 했을 뿐이라고 생각했지.

과정이 모두 종료된 후 면세사업부 지인으로부터 들려온 이야기는 놀라웠어. 내가 지나쳤다는 거야. 별 친분도 없는 타 부서 대리 주제에 감히 한 부서의 팀장을 망신 주다니, '개념상실, 건방진 녀석'이라는 뒷말이었지. 심지어 팀장보다 팀원들이 더 분개했다는 거야. 그럴 수 있겠다, 싶었어. 당연히 J 팀장과 팀원들은 한 팀이라는 유대감으로 '라포'가 형성된 '내집단'이었고, 나는 잘 알지도 못하는 '외집단' 사람이었을 뿐이었을 테니 말이야. 한동안 면세사업부 사람들에게 나는 비호감 담당자로 찍혀 따가운 시선을 감당해야 했지.

일단 무조건 '라포' 형성부터

직장뿐 아니라 모든 인간관계는 '라포'를 맺는 일부터 시작해. 특히 회사의 일이라면 본론으로 들어가기 전에 관련된 사람들과 기본적인 유대감과 교감부터 쌓아야 무리가 없어. 회사의 일은 태반이 타 부서, 동료들과의 협업으로 진행되고 이루어지니 말이야.

'첫인상 3초의 법칙'. 보통 첫인상은 몇 초 안 되는 짧은 시간에 생긴다고 하지. 신입이라면 입사 이후 맞닥뜨릴 모든 첫 순간들이 첫인상을 결정짓는 시간일 텐데, 그때 내가 누군지, 어떤 사람인지 상대에게 명확히 주지시키고, 인간적 호감으로 바꿀 수 있다면 앞으로의 직장 생활이 조금 더 수월해질 것은 자명해.

반면, 첫 만남에서 안 좋은 인상부터 심어줬다면, 그 사람의 본질이 무엇인지 제대로 알기도 전에 부정적인 인식부터 콕 박혀서 이미지를 회복하는 데 꽤 오랜 시간이 걸릴 수 있지. 어쩌면 누군가에겐 퇴사할 때까지 그 인식이 바뀌지 않을지도 몰라.

지나치게 사적 관계를 깊이 만들 필요는 없지만, 적정수준의 사적 관계를 만들어 유지하고, 공적 관계 속에서 균형을 만들어 가는 일은 선택이 아닌 필수야.

"나는 내향형이라 그런 거 못 해요. 그냥 내 일만 잘하면 되는 거 아닌가요?"

회사 일은 혼자 하는 게 아니야. 아무리 능력자라도 프리랜서가 아닌 이상, 팀 내는 물론 팀 밖에서 협조를 구하고 도움을 요청해야 할 일은 셀 수도 없어. 서로 유대감이 있는 관계에서라면 업무 협조도 더 자연스럽고, 이견을 좁히는 횟수도 현저히 줄어들어. 그 과정 자체가 자원의 낭비를 줄이는 일이야. 쓸데없는 의견 대립과 자존심 싸움으로 '되게 해야 하는 일'이 어그러지면 그 손해는 회사 전체는 물론, 고스란히 나 자신에게로 돌아올 테지.

지나친 관계지향은 타인에 대한 의존도를 높이고 내면의 안전지대를 만들어 성장을 방해하는 결정적 요인으로 작용하지만, 적절한 교류는 세계를 바라보는 시선을 넓히고, 그릇을 확장해 '사회적 거인'이 되도록 돕는 지렛대로 얼마든지 활용 가능해.

인간은 본능적으로 내집단과 외집단을 구분하려 해. 우리는 이 특성을 지혜롭게 활용할 필요가 있어. '에이 그런 게 어딨어'라고 외면하고 무시할 게 아니라 이용할 건 이용하고 조심할 건 조심하는 태도로 관계를 만들어 가는 일이야말로 긍정적 의미의 '사내 정치'가 아닐까?

내가 찾지 않고 나를 찾게 하는 일

라포가 생겼다고 끝은 아니야. 오히려 시작이지. 사람만 좋다고 일이 저절로 되는 건 아니니까. 회사는 엄연히 성과를 내야 하는 이익집단인 만큼 무난한 인간관계와 함께 뛰어난 역량과 눈에 보이는 성과를 동시에 증명해야 해.

"사람은 좋은데…."

사람만 좋은 직장인은 여러모로 민폐야. 이제 막 입사한 신입이라면 '가르치면 되겠지'라는 희망이라도 품을 수 있지만, 입사 수년 차 시점에서 나오는 이야기라면 그 무게가 달라져. 팀 성과에 도움은 안 되고, 오히려 마이너스 요인이 명백한데도 내쫓기엔 어딘가 미안한 계륵 같은 존재가 되어선 곤란해.

결국 실력으로 자기 자신을 증명하고, '내가 찾지 않아도 나를 찾는 존재'가 되어야 해. 인간적인 매력은 물론 직무에 대한 전문성까지 갖췄다면 그 일에 관한 한 언제 어디서든 나를 떠올리고 찾게 돼 있어.

신입다운 신입으로 인식되려면 3척을 버려야 해.

'잘난 척, 아는 척, 있는 척'

세상은 넓고 고수는 많아. 사회에 나와보면 알게 돼. 나 정도 능력자는 수두룩하다는 사실을. 무엇보다 똑같은 출발선에 서서 또다시 나를 증명해야 하는 레이스에 들어섰을 뿐이라는 사실을. 모르면 모른다고 말해도 돼. 부끄러운 일도 아니야. 기본도 안된 신입이 프로젝트 기획부터 하겠다고 덤비는 것만큼 부끄러운 순간도 없어.

가진 게 많아도 대놓고 드러내진 마. 샤덴프로이데Schadenfreude*,
사촌이 땅을 사면 배가 아픈 법이야. 익은 벼는 고개를 숙인다고.
다소 부족한 듯, 모자란 듯 실력부터 쌓아 봐.

* 샤덴프로이데 : 독일어로, 남의 불행이나 실패를 보고 느끼는 기쁨을 의미

황금률
: 호이가 계속되면 둘리인 줄 안다

'둘리'를 알아? 1983년 창간한 〈보물섬〉이라는 만화잡지에 연재된 '아기공룡 둘리'의 주인공이야. 당시로선 흔치 않았던 '공룡'을 의인화해 큰 인기를 얻으면서 뽀로로와 더불어 우리나라를 대표하는 캐릭터로도 자리 잡았지. 잊을만하면 장편 TV 애니메이션으로, 또 극장용 영화로 개봉되면서 세대를 불문하고 익숙한 캐릭터가 됐어.

자연히 '둘리'에 인생을 빗댄 격언들도 많은데, 그중 대표적인 건 이거야.

"호이가 계속되면 둘리인 줄 안다."

원래 '호의가 계속되면 권리인 줄 안다'는 격언을 패러디한 건

데, 둘리가 초능력을 쓸 때 외치는 주문인 '호이'를 이용한 언어유희가 위트 있고 신선하게 전해졌어.

"둘리와 고길동의 관계를 보고 고길동이 불쌍해지면 '나이가 들었다'는 뜻이다."라는 또 다른 격언에 지극히 공감하고 있는 요즘이야.

3~40대로 추정되는 고길동 씨는 쌍문동 단독주택에서 아내 정자 씨와 영희, 철수 두 남매를 키우는 평범한 가장이야. 알다시피 둘리는 남극에서 빙하를 타고 내려와 어느 날 갑자기 고길동의 집에 얹혀살게 된 불청객이지. 이후 도우너(외계인), 또치(타조), 희동이(조카)라는 객식구들까지 줄줄이 등장해. 고길동은 이들에게 방도 하나 내주고 삼시세끼 밥도 먹여줘. 물론 구박은 하지만.

어린 시절엔 고길동이 미웠지. '저렇게 귀여운 둘리를 왜 그렇게 구박하나? 좀 잘 대해주면 안 되나?'

그런데 시간이 흘러 중년이 되고, 부모가 되니 그때 깨닫게 되더라고.

'아~ 고길동은 천사였구나.'

피 한 방울 안 섞인 군식구를 먹이고 재우고 입히는 일이 얼마나 고단한 일인지 그때는 미처 몰랐지. 하긴 요즘 같은 시대에 3~40대 가장이 마당 딸린 단독주택에 산다는 설정 자체도 비현실적이지만, 뭐 만화니까.

아무튼 둘리와 떨거지들은 온갖 말썽을 부리는 것도 모자라 길동이 아끼는 LP 플레이어와 LP판을 부수고, 자동차를 망가뜨리고, 심지어 집까지 날려 먹는 만행을 저질러. 이쯤 되면 '호의가 계속되면 권리인 줄 안다'라는 격언의 주인공은 다름 아닌 둘리와 그 일당들이 아닐까?

다시 현실로 돌아와서 호의에 대해 조금 더 이야기해 보자고. 요즘은 더치페이가 대세라지? 초중고 시절이야 동급생들이 교류의 전부였을 테고, 대학에 들어와서도 선배나 교수님보다는 동기들과 어울리는 시간이 더 많았을 테니 모두가 대등한 관계에서 각자의 몫만 책임지는 건 충분히 합리적이야.

그런데 직장인이 되는 순간 신세계가 펼쳐져. 바로 위계야. 프리랜서가 아닌 이상, 입사와 동시에 자신을 밀착 지도해 주는 존재와의 관계가 시작돼. '맞선임'이라고도 하고, '사수'라고도 하고, '멘토'라고도 하고. 뭐 명칭이야 다양하겠지만, 경험 차이에서 오는 수직 관계는 여전히 굳건해. 예전보다 옅어졌을 순 있어도 회사는 결국 이익을 추구하는 조직이니까.

신입의 1년은 모두로부터 보살핌을 받는 시기이기도 해. 특히 밥을 먹을 때, 회식할 때, 커피를 마실 때까지 웬만해선 내 돈 나갈일도 거의 없지. 더치페이? 동기들끼리의 모임이면 몰라도 팀 선배와의 자리에선 대부분 얻어먹게 되어 있어. 선배 입장에서 더치페이는 일종의 체면 문제거든.

'신입'이라는 타이틀은 일종의 '프리패스Free pass'와도 같아서 이 기간만큼은 실수를 해도 긍정적으로 바라보고 일을 배우는 과정으로 너그럽게 대하지만, 한편으로는 됨됨이를 관찰하는 시기이기도 하지. 주 5일, 하루 8시간 이상을 함께 보내는 직장 생활 특성상 신입은 자연스레 관심의 대상이 될 수밖에 없어.

그 과정에서 아주 약간의 차이도 크게 보이곤 하는데, 특히 인성이나 태도적인 측면은 두드러지게 되어 있어. 같은 신입이면서도 선배와 동료로부터의 호의를 고맙게 여기고 어떻게든 보답을 하려는 친구들도 있고, 눈치 따위 개나 주고 얻어먹는 일 포함, 누군가로부터 돌봄 받는 일을 당연하게 여기는 이들도 있어.

웬만해선 '신입이니까' 하겠지만, 아무래도 사람 마음은 다 똑같다고, 기대치를 서로 다른 방향으로 벗어나는 두 부류에 대해서는 마음속 어딘가에 담아두고 볼 때마다 떠올릴 테지.

'K는 실력도 실력인데 무엇보다 인성, 기본이 된 애야.'
'C는 뭔가 싸한데? 아무리 신입이라지만 저밖에 모르고, 고마워할 줄도 모르네….'

애덤 그랜트Adam Grant의 명저『Give and Take』를 보면 조직 안에서 인간은, 주기만 하는 기버Giver, 주고받는 매쳐Matcher, 받기만

하는 테이커Taker 세 부류로 나뉜다고 해.

'이 세 유형 중 과연 누가 조직 내 성공의 사다리 꼭대기에 오르는가?'를 주제로 세심하게 관찰하고 실험한 결과, 재밌는 사실을 발견했어. 성공의 사다리의 가장 밑단, 그러니까 실패에 근접한 유형은 바로 '기버'였어. 기버들은 대체로 성과를 내지 못했고, 남들을 돕는 데 시간을 허비하느라 제 실력을 효과적으로 키우지도 못했어. 자연히 조직에서 도태되고 배제되는 경우가 많았지. 한마디로 퍼주기만 하다 호구가 된 셈이야.

그럼 성공의 사다리 꼭대기엔 누가 있을까? 테이커? 매처? 놀랍게도 이 역시 '기버'였어.

이들은 매처, 테이커보다 많게는 20% 이상 높은 성과를 냈고, 역량에 대한 평가도 유의미한 수준으로 높았어. 물론 절대 수치는 많지 않았지만, 주변인들로부터 하나같이 '믿을만한 사람'이라는 신뢰까지 얻어 롱런하는 사람들이었어.

왜 이런 극단의 결과가 발생했을까? 애덤 그랜트가 발견한 비밀은 바로 'Give의 대상이 누구였는가'였어.

기버는 정보나 도움을 조건 없이 제공하지만, 테이커를 만나면 선의가 돌아오지 않고 오히려 이용당해 실패하는 경우가 많았어. 반면, 도움을 받은 대상이 주로 매처, 혹은 같은 기버라면 준 것 이상으로 '호의'를 되돌려 받으면서 '평판'이라는 심리적 자산까지 얻어 결국 성공의 사다리 꼭대기에 오르는 경우가 많았어.

'누군가 아낌없이 선의를 베풀고 있는가', '그 선의를 또 다른 누군가는 어떻게 받아들이고 이용하는가'를 살피는 문제는 개인은 물론 조직 전체의 성공과 실패를 예측하는 결정적 요인일지도 몰라.

나는 기버인가, 매쳐인가, 테이커인가. 우리 회사에, 우리 팀에 기버, 매쳐, 테이커 중 어떤 부류가 많은가를 깊이 있게 살펴보면, 나 자신은 물론 우리 조직이 얼마나 성공에 가까이 갈 수 있는지, 혹은 실패로 추락하게 될 것인지 그 선명한 답을 얻게 될 거라 믿어.

스타벅스를 얻어먹으면 빽다방이라도 사

"내가 대접받기를 바라는 대로 상대를 대하라."

거의 모든 종교 경전에서 공통적으로 강조한다는 이른바 '황금률'이야. 우연의 일치라 보기엔 너무도 명백한 진리인지라 그 어렵다는 종교 대통합이 이루어진 것 아니겠어?

우리는 대부분 하나를 받으면 하나를 주는 매쳐에 가까워. 이 말은 곧 일상생활에서 '내가 하나를 주면 상대도 나에게 그만한 대가를 줄 것'이라는 가정을 하게 된다는 의미지. 이게 바로 기대치야. 회사에서 신입의 기대치는 어떨까? 일정 한도 내에서는 테이커처럼 굴어도 그런가 보다 할 거야. 신입이니까.

그런데 한번 생각해 보자고. 그 기대치가 거의 없거나 낮은 상태의 대상에게 생각지도 못한 무언가를 되돌려 받는다면 그 임팩트는 어떨까?

"선배님이 지금까지 다 사셨으니까 이번엔 제가 사 드릴게요."
"야, 됐어. 신입이 무슨 돈이 있다고."

사실 그쯤에서 끝나더라도 괜찮아. 선배 입장에선 그 친구가 다시 보일 거야.

'그래도 애가 생각이 있긴 하네.'

오히려 기분 좋아진 선배가 더 베풀 수도 있지. 물론 그런 상황을 계산해서 이용하라는 말은 아니야. 다 같은 직장인 처지에 '베풂'의 행위가 당연한 일일 수 없고, 자신의 씀씀이를 제한해야 하는 일종의 '희생'이라는 사실 역시 잊지 말아야 해.

기버가 되라고 강요할 생각은 조금도 없어. 나 역시 기버는 아니니까. 타고난 기버들은 누구의 강요나 가르침에 의해서 계산적으로 그렇게 생각하고 행동하는 게 아니거든. 진정한 의미의 기버, 아낌없이 퍼주는 나무가 되기는 좀처럼 쉽지 않아.

단, 남의 호의를 당연하게 생각하지는 말자는 거야. 고마움을 알고 언젠가는 되돌려 주겠다는 마음 자세를 갖는 것, 그것 하나로도 실제 드러나는 행동은 크게 달라질 수 있어.

선배로부터 스타벅스를 얻어먹었으면 세 번째쯤에는 빽다방이라도 사는 거야. 삼겹살을 얻어먹었으면 세 번째쯤에는 김밥천국이라도 사는 거야.

'조금은 손해 본다'는 마음으로

매사 계산해서 조금이라도 남기려는 태도는 당장은 손해 보는 일 없이 남는 장사 같지만, 일생 전체로 보면 그렇게 피곤한 삶도 없어. 뭐 하나라도 악착같이 받아내려는 의지 그 자체로 스트레스고, 엄청난 주의력을 소모하는 일이기 때문이야.

무엇보다 단기 이익에 매몰된 생각은 곧 그 밑천이 드러나게 마련이야. 그런 이미지가 쌓이면 결국 '자기밖에 모르는 인간'이라는 '나쁜 평판'으로 이어질 가능성이 높아. 그렇게 얻은 알량한 이익이 무의미해질 만큼 치명적 오점이 될 테니, 결국은 밑지는 장사야.

물론 당장 눈앞의 이익을 포기하는 게 쉬운 선택은 아니야. 다만 '어떤 관계든 조금은 손해 보고 살겠다'라는 마음을 먹고 나면 삶이 조금은 편해지더라고. 그런 태도가 습관이 되고 급기야 삶의 지향점으로 자리 잡기라도 하면, 주변으로부터 그릇이 넓은, '큰 사람'이라는 평판까지 얻고, 결국에는 성공의 사다리 꼭대기에 오를 수도 있지. 그야말로 남는 장사가 아닐 수 없어.

결국은 TPO*야. 어느 타이밍에, 어떤 장소에서, 어떤 맥락에서 호의를 주고받을 것인가? 스스로를 객관적으로 알고 있고, 주변 사람의 기질과 마음, 욕망을 캐치할 수 있을 때 가능한 일이야.

'내가 평소 먹는 음식이 나의 몸을 만들고,
내가 평소 하는 말이 나의 인격을 만들고,
내가 평소 행하는 것이 나의 평판을 만든다'

이 사실을 잊지 말자고.

✳ TPO : Time, Place, Occasion

골디락스존

: 장전된 권총을
상대 손에 쥐여 주지 마라

인간관계, 특히 사회적 인간관계는 시간이 지날수록 더 어려워지다고들 하지. 전적으로 공감해. 초중고, 대학에 이르기까지 학창 시절만 해도 이런저런 계산과 조건 없이 친구를 만들 수 있지만, 사회생활을 시작하는 순간 새로운 챕터가 열렸다는 사실을 곧 깨닫게 돼.

본격적인 '생존경쟁'이 시작되기 때문이야. 선배, 동료, 후배 할 것 없이 결정적 순간엔 한정된 자원을 두고, 뺏고 뺏기는 한판 싸움을 벌여야 할 경쟁대상이라는 사실을 깨닫게 되는 순간, 말과 행동에 의도가 실리고, 그 진의가 뭔지 파악하려는 계산이 오가면서 관계는 조금씩 변질돼. 마치 죄수의 딜레마처럼 '나 자신은 언제든, 누구에게든 마음을 열고 진정성 있게 대할 준비가 된 '선한 자'이지만 혹여 상대방이 그렇지 않다면?'이라는 의심이 생기면 불안해져. 별것도 아닌 일을 확대해석해서 스스로 상처받고 몸과 마음을 사리게 돼.

아무리 친해도 사회 친구는 한계가 있다는 말이 여기서 나와. 아무래도 학창 시절 까까머리 친구처럼 될 수는 없다고 여겨. 아무런 계산도 조건도 없이 그저 만나는 것만으로도 즐겁고 마냥 거리낌 없는 관계일 수 없다는 사실을 절감해.

반면, 시간이 지날수록 본심을 감추는 사회적 스킬은 세련되어지는데, 적당히 가면을 쓰고 위선을 부리기도 하고, 그럭저럭 좋지도 나쁘지도 않은 관계를 유지해 나가는 데 익숙해져. 좋게 보면 사회화가 진행된 것이고, 나쁘게 보면 사회의 때가 묻게 된 거지.

주변 사람들도 비슷한 유형으로 채워져. 사고 수준도, 생활 방식도 표준화가 되다 보니, 어쩌다 새로운 유형의 사람을 만나면 이질감부터 생겨. 이즈음부터 어릴 적 친구들도 비슷한 수준끼리 어울리기 시작해. 전문직 친구, 대기업 친구, 중소기업 친구, 자영업 친구, 백수 친구가 한자리에 모이면 처음엔 반가워도 시간이 지날수록 대화의 핀트가 어긋나고 뭔가 불편해져. 추억만으로도 몇 시간씩 떠들 순 있지만, 뭔가 생산적이진 않아. 결국 이야기가 통하는 부류끼리, 비슷한 레벨끼리 따로 모이면서 모임은 차츰 파편화되기 일쑤야.

하물며 머리가 굳은 이후 만들어진 직장 내 관계는 오죽할까? 겉으로 보기에 끈끈하게 엮인 것 같은 관계도 하찮은 이유로 산산이 부서지기도 하고, 어제까지 절친이 오늘은 원수처럼 틀어지기도 하고. 회사의 인간관계라는 게 그렇더라고. 모두가 그렇지는 않겠지만 대다수는 그렇게 변질되기 쉬운 상온에 방치된 우유 같더라고.

'**골디락스**Goldilocks*'는 뜨겁지도 차갑지도 않은 이상적인 상태를 뜻하는 용어로 경제, 마케팅, 의학, 천문학 등 여러 분야에서 두루 사용되고 있어. 우리가 사는 지구는 태양계 '골디락스존'에 위치한 행성이야. 항성인 태양과의 거리가 너무 가까우면 수성처럼 불지옥이 되고, 너무 멀면 해왕성처럼 얼음 지옥이 되는데, 암석 행성으로 너무 뜨겁지도 차갑지도 않은 기온을 가진 지구는 생명체의 탄생과 생존을 위한 최적의 조건을 갖췄지.

관계에도 이렇듯 '골디락스존'이 존재해. 가족 간에도 지나치게 가까우면 밀착된 나머지 주체적인 삶이 어렵고, 또 지나치게 멀면 무관심해지다 못해 남보다 못한 관계가 되는 경우도 많은데 하물며 직장 내 관계란 어때야 할까?

공사 구분 못 하고 조금만 친해지면 언니, 오빠, 동생으로 관계를 만들고 내 편, 네 편으로 나누어 은밀한 비밀을 나누는 행위가 위태해 보이는 이유야.

＊골디락스 : 영국의 전래동화 <골디락스와 세 마리 곰>에서 유래. 적당한 온도로 식은 죽 한 그릇을 뜻함.

관계의 골디락스존 만들기

　살면서 관계를 맺는 일만큼 중요한 건 없지. 나만의 공간을 상대에게 일정 부분 내주는 일이니까. 얼마만큼 내줘야 하는지에 대한 기준은 당연히 스스로 정하는 거야. 어디까지 허용하고 어디서부터 선을 그을 것인가, 말하자면 나만의 '골디락스존'을 만드는 일이야.

　그런 게 없다면 어떤 관계든 수동적이 될 수밖에 없어. 친절과 관심을 가장한 상대에게 심각하게 내 영역을 침범당하고도 '베프니까' 따위의 사회적 가스라이팅에 이용당할 가능성이 크지. '착한 사람 콤플렉스'까지 겹쳤다면 치명적이야.

　온갖 관계에서 한 번쯤은 뚝 떨어져 온전히 자신만의 시간을 가질 수 없기 때문이야. 대체 왜 힘든지, 무엇이 불편한지도 모른 채 모든 관계의 을이 되어 질질 끌려가는 나를 발견한 순간, 뭔가 잘못됐다고 느끼지만 이미 때는 늦었을지도 몰라.

　자신만의 골디락스존을 설정할 수만 있다면 얼마든지 능동적이고 유연한 관계를 직접 만들고 컨트롤할 수 있게 돼. 필요하다면 스스로의 의지로 끊어낼 수도 있겠지. 자기 자신을 지나치게 꽁꽁 싸맬 필요도 없고, 또 모든 걸 다 내보이며 제발 이 관계를 이어가 달라고 애걸할 필요도 없어.

　관계는 당사자 간의 상호작용이야. 어느 한쪽이든 일방적 관계가 되면 오래가지 못해. 서로가 용인할 수 있는 수준에서 관계의 거리를 설정할 수 있을 때, 마치 골디락스존에 위치한 지구에 생명이 태동하고 다양한 종들이 번성할 수 있었던 것처럼 생명력 넘치는 관계를 맺고 유지할 수 있어.

장전된 권총을 상대의 손에 쥐여 주지 마

'약점을 보이면 평생 책잡힌다'고 하지. 공적 관계에서라면 타당해. 일을 맡겼을 때 '무책임하다'거나 '꼼꼼하지 못하다'거나 하는 결정적 약점을 노출하면 커리어에 치명적인 평판을 얻을 수도 있으니까.

그런데 사적인 관계라면 좀 달라. 타인과 유대감을 맺는 가장 확실한 순간은 내 취약점을 적절히 드러내고 그로부터 공감대를 얻을 때야. 인간은 불완전한 존재이기 때문이지. 외모든, 스펙이든, 재력이든 실제 완벽에 가까운 사람이라 하더라도 대놓고 과시하고 젠체한다면 비호감 사기 십상이야. 제 입으로 '잘남'을 말하는 순간, 이미지는 허물어져. 하물며 별로 잘난 것도 없는데 자아도취에 빠져 스스로 완벽한 척하는 사람만큼 꼴불견도 없어.

술자리에서 이런저런 실수담, 약점 등을 솔직히 털어놓고, '아, 이런 사람도 약한 면이 있구나'라는 공감대를 얻을 때, 능력, 역량과는 별개로 인간적인 매력이 생겨. 약점 하나 없는 주인공이 승승장구하는 소설은 재미도 감동도 없는 법이야.

단, 치명적일 수 있는 단점, 취약점은 죽을 때까지 묻고 가는 게 좋아.

"1막에 권총이 등장하면 3막에는 반드시 발사되어야 한다."

유명 극작가 안톤 체호프Anton Chekhov가 이야기한 시나리오 작법 원칙 중 하나야. 총알이 장전된 권총을 손에 쥐면 쏴보고 싶어지는 게 인간 본성이야. 지금은 서로 애틋한 사이라도 사회생활이란 게 언제 또 어떻게 될지 모르는 게 섭리야. '너는 믿으니까'라며 자칫 치명적일 수 있는 내 약점을 상대의 손에 쥐여 주는 순간, 언제 그 총구가 내게로 향할지 알 수 없게 돼. 인간관계, 특히 직장에서의 관계는 너무 차갑지도 뜨겁지도 않아야 해.

솔직해지되, TMI를 발설하지는 말란 말이야.

오지랖
: '충고하지 말라'는 충고

두 번째 책을 내고 얼마 되지 않은 12월의 어느 날, 중학교 친구 모임이 있었어.

마흔 중후반 직장인 아저씨들의 모임은 생각보다 쉽지 않았어. 이번 모임도 두어 번 미뤄지다 1년 반 만에 성사된 터였어. 사는 곳도 제각각이고, 각자 직장에서 지위가 있다 보니 따로 시간을 내기 쉽지 않았지.

반면, 퇴사한 지 3년 차, 사실상 백수나 다름없던 나는 약속 장소에 조금 일찍 도착했지만, 밖에서 서성이다 약속 시간에 딱 맞춰 들어갔어. 먼저 온 친구는 한 명뿐이었어. 우리는 주거니 받거니 먼저 술자리를 시작했고, 1시간이 지나서야 모두 도착해 본격적인 모임이 시작됐지.

학창시절에도 결석이나 지각에 강박일 정도로 철저히 시간약

속을 지키는 편이었던 나는 기분이 조금 상했어.

'누군 뭐 직장 생활 안 해 본 줄 아나?'

가장 늦게 도착한 녀석이 사과도 없이 회사 이야기를 꺼내면서 팀원들에 대한 불만을 토로하기 시작했어.

"아, 요즘 애들 말이야, 참 내 마음 같지 않다. 조금만 더 열의를 가지고 일했으면 좋겠는데….."

L 모그룹 주력 계열사에서 팀장과 임원 사이 직책을 맡고 있던 친구였는데, 처음부터 모임 자체를 별로 내켜 하지 않은 것처럼 보였지. 몇 개월만의 술자리 탓이었을까? 좀 취했던 모양이야.

"팀원들보다 리더가 문제라는 생각은 안 들어?"

나는 불쑥 끼어들어 참견하기 시작했어. 녀석은 입을 다물고 내 말을 듣기 시작했지. 마침 새로 나온 두 번째 책의 주제가 'MZ 세대, 조직문화'였던 터라 책을 빌미로 마치 폭포수처럼 충고를 쏟아냈어.

"리더십 이론상으론 리더는 영향을 미치는 사람이야. 긍정이든 부정이든. 약속도 못 지키고 기본적인 관계에도 충실하지 못한 사람이 리더라면 팀원들이 분명 부정적인 영향을 받았을 테고, 어쩌면 네가 거울일지도….”

녀석의 표정도 슬슬 일그러지기 시작했어. 발언의 수위가 점점 세지고 말이 길어진다는 사실을 스스로도 인지했지만, 취기 탓이었을까? 끊고 싶지 않았어. 분위기는 급격히 냉각됐고, 오랜만의 모임은 썩 유쾌하지만은 않은 상태로 끝이 났지.

알아, 도 넘는 오지랖을 부렸던 거. 명분은 자칭 조직문화 전문가로서 뭔가 도움을 주겠다는 표면적 의도였지만, 사실은 약속을 수차례 미루고, 그마저도 1시간씩 늦는 ‘무늬만’ 친구처럼 보이는 대상에 대한 반감이 컸기 때문이었어. 거기에 퇴사 후 3년이 넘도록 변변한 자리조차 잡지 못한 ‘무명작가’라는 자격지심이 작동했는지도 몰라. 조직문화, 리더십 이론만큼은 현역인 너희보다 내가 낫다는 뒤틀린 자부심까지. 하나만 걸려라, 라는 마음이 컸지.

그 모든 요인이 복합되어 주정 아닌 주정을 부렸던 그날의 모임 이후 마지못해 유지되는 듯 보였던 관계는 조금씩 더 멀어졌고, 나는 두 가지 사실을 깨닫게 됐지.

첫 번째는 ‘요청하지 않은 조언은 조언이 아니’라는 것
두 번째는 ‘삐걱거리는 관계를 정리하는 데 오지랖만 한 게 없다’는 것

나는 미련 없이 단톡방을 탈퇴했어. 아마도 이런 식의 끝을 예감했는지 몰라.

조언, 세 번 요청하면 그때 응하자

"네 생각해서 하는 말인데…."

정말 생각한다면 그냥 아무 말도 하지 말자고. 그렇게 시작하는 조언치고 오지랖 아닌 적이 없더라고. 그냥 내버려 둬. 내 눈에 미흡한 부분이 보이고, 끼어들어 이것저것 말하고 싶어 입이 근질근질해도 최대한 참아보는 거야. 소중한 관계일수록 더 그래야겠더라고.

방치하라는 게 아니라 관심을 가지고 묵묵히 지켜보되 내가 옆에 있다는 뉘앙스를 은연중 흘리는 정도면 충분해. 정말 답답하면 상대가 알아서 물어올 거야. 물론 그렇게 되려면 나 자신이 조언을 요청할 가치가 충분한 사람으로 상대의 인식 속에 자리부터 잡는 게 먼저겠지.

"… 여기까지는 알겠는데, 그다음은 어떻게 해야 하는 건지 정말 모르겠어요."

이런 요청이 와도, 처음엔 그저 듣기만 해. 얼씨구나 이때다, 하고 모든 걸 다 아는 전지적 삼인칭 시점의 화자라도 된 것처럼 주절주절 떠들지 말고, 뒤로 슬쩍 빠져 들어주고 영감을 주는 선에서 관심을 표명해.

"스스로 답을 알고 있을 텐데? 지켜보니 잘하고 있어. 조금만 더 고민해 봐."

이러한 사전 숙고 과정이 충분했고, 그 끝에 도움이 절실함을 인지했다면, 두 번 세 번 상대가 거듭 도움을 요청한다면 그때 진심 어린 조언을 해도 결코 늦지 않아. 인간적으로 개인의 성향과 태도에 대한 조언을 하고 싶다면, 그 당사자와 인간적 유대감부터 충분히 쌓는 게 먼저야. 하물며 별 친분도 없고 도움을 먼저 청하지도 않았는데 선의를 베푼답시고 TMI식 충고를 쏟아내는 것만큼 관계를 망치는 일도 없어.

제삼자의 이름은 되도록 입에 담지 않기

뒷담화에서 자유로운 사람이 얼마나 있을까? 사석이든 공석이든 회사 이야기를 나누다 보면, 필연적으로 제삼자의 이름이 튀어나오게 되어 있어. 회사 업무가 사람 간의 일이 거의 전부이기 때문이야.

앞서도 언급했지만, 좋은 의미, 칭찬으로 특정인의 이름을 거론

했을지라도 누군가 그 반대의 생각을 갖고 있다면 어떻게든 부정적인 면이 발화되어 대화의 장으로 튀어나오게 되어 있어.

아예 그 자리에 없는 사람의 이름, 그 자체를 언급하지 않는 게 상책이지만, 현실적으로 쉽지는 않지. 공적 관계보다 사적 관계에 더 몰입하는 대문자 E들은 대화에서 타인의 이름이 금지당하는 순간 말문부터 막히는 순간이 올지도 몰라.

뉴스 역시 감동적이고 훈훈한 소식보다 자극적인 사건 사고 소식에 더 관심이 가듯 누군가의 치명적인 비밀, 단점, 실수 따위를 주고받는 일이 훨씬 더 흥미진진할 테니 말이야.

직장 내에서 누군가의 이름을 올려야 한다면, 무조건 당사자가 있는 자리에서 꺼내는 게 좋아. 피치 못할 사정으로 당사자가 부재하다면, '사실관계' 위주로 언급하고, 되도록 중립적 태도를 유지하려 의도적으로 노력해야 해. 자신의 관점이나 감정이 개입하는 순간, 내 의도와는 다르게 해석되거나 부풀려져 '변질된' 상태로 당사자에 전해질 가능성은 매우 높기 때문이야. 뒤늦게 바로잡으려 해도 버스는 이미 떠난 지 오래야.

〈넷플릭스〉의 창업자 리드 헤이스팅스는 누군가 찾아와 자신에게 제삼자에 관해 이러쿵저러쿵 이야기하면 이렇게 말한다고 해.

"지금 나에게 한 말을 당사자에게도 똑같이 할 수 있습니까? 아니라면 저한테도 그런 말은 하지 마세요. 듣고 싶지 않습니다."

그거 알아?

'충고하지 마라'는 말 역시, 충고라는 사실.

職 직무 — 직

格 격식 — 격

III장

職격
_ Overall

명함 값보다
이름값

"무슨 일 하세요?"

대답 대신 조용히 명함 한 장을 꺼내 내민다. S그룹 로고가 선명하다.

"와~ 좋은 데 다니시네요."

더 이상 무슨 말이 필요할까?

평생직장은 이제 없다지만, 일단 집단에 소속되면 오래 안주하고 싶은 게 사람 본성이야. 요즘처럼 취업이 어려운 시대라면 딱히 대기업이 아니라도 어디든 소속되고 싶다는 욕구는 크다고 봐.

물론 입사하면 마음이 바뀌기도 해. 1년, 3년, 5년 단위로 이직 충동을 겪기도 하고, 실제 이직을 실행에 옮기거나 아예 자기 사업을 시작하는 사람들도 더러 있지만, 일반적인 건 아냐.

최근 조사*에 따르면 대기업 기준 평균 퇴사율Turn over rate은 10%가 채 되지 않고, 중소기업 역시 15%를 넘지 않는 것으로 나타났어. 통계 속성상 IMF처럼 대형 이슈가 있지 않은 한 일정한 흐름을 유지한다는 점을 감안하면, 요즘 세대는 밥 먹듯 회사를 그만둔다는 둥, 대퇴사의 시대라는 둥, 항간의 속설은 어딘가 과

* 기업, 작년 '직원 퇴사율' 평균 13.8%, 잡코리아 리서치, 2021

장되었음을 짐작할 수 있어.

평생직장 말고 '평생직업'을 외치며 여기저기 옮겨 다니는 추세라지만, 한 분야의 온전한 전문가로 인정받지 못한 이상, '직장인'라는 굴레를 벗어날 수는 없어. 이곳저곳에서 일해 본 경험만으로 전문성이 저절로 생기지는 않기 때문이야.

실은 안정적 환경에서 충분한 처우를 보장받을 수만 있다면 최대한 커리어를 유지하고 싶을지도 몰라. 문제는 안정감이 '양날의 검'이라는 데 있어. 모든 생활 패턴이 마치 블랙홀처럼 조직에 맞춰지면서 개인이 집단화되고, 급기야 부품화되기 쉽다는 점은 치명적이야. S그룹의 L 대리, L그룹의 K 과장과 같은 명함값에 매몰되면 마케터 이 ○○, 브랜드 전문가 김 ○○, EX디자이너 박 ○○ 같은 개인 정체성은 자연히 옅어질 수밖에.

게다가 어느 회사든 존재하는 '사내 정치'는 온전히 실력으로만 승부를 보겠다는 순진한 사람들을 바보로 만드는 덫과도 같아. 실무능력은 쥐뿔도 없으면서 상사의 비위를 맞추는 데는 능한 '꾼'들이 좋은 평가를 받고 승승장구하는 사례는 헤아릴 수도 없지.

전통적인 대기업집단일수록 조직 내 안정감은 높은 대신 집단주의가 강해. 나 자신의 정체성, 주체성, 유니크함을 내세웠다간 '우리'라는 명분으로 정 맞기 십상이야. '좋은 게 좋은 거'라며 적당히 타협하는 문화에 익숙해지면서 스스로를 죽이고 깎고 다듬어,

뾰족한 부분은 모두 사라지고 마침내 어디 하나 모난 데 없는 둥글둥글한 자갈의 형태로 수렴돼.

그 끝에 '제너럴리스트'가 있어. 두루두루 할 줄은 알지만, 조금만 깊이 들어가면 그 밑천이 드러나는 직장인 그 자체지. 여유가 되면 그때 자기계발도 하고 내 아이덴티티도 되찾아야지, 생각하겠지만 천만에, 그땐 더 힘들어. 익숙함으로부터 벗어나기엔 포기해야 할 것들이 너무 많고 무엇보다 내 뾰족함, 야생성, 주체성을 통째로 잃은 지 오래이기 때문이야.

40대가 되면, 문득 옆자리 49세 K 부장의 '현재'가 눈에 들어와. 한때 에이스로 날렸던 K 부장은 사내 임원 경쟁에서 도태된 지 오래야. 6년째 팀장이지만, 그마저도 내년엔 면직책 된다는 소문이 파다해. 출근하면 이직 공고를 검색하거나 지게차 자격증 정보 따위를 찾아보며 소일하지. K 부장을 보면 내 앞날도 크게 다르지 않다는 진리를 새삼 깨닫지만, 그렇다고 뛰쳐나가기는 이미 늦었어. 이직을 해 봤자 여기보다 더 나을 거라는 보장도 없어. 무엇보다 관계든 업무든 처음부터 다시 시작해야 한다는 공포가 커.

언젠가 끝이 온다는 사실은 알고 있었지만, 막상 눈앞에 닥치니 이제야 실감이 나. 가늘고 길게 버텨본들 50대 후반에서 60대 초반이 한계야. 그런데 그다음은? 요즘 기대 수명이 80년을 훌쩍 넘으니 30년 가까이 남은 인생 후반전을 무엇으로 채워야 할까?

뒤늦게 '내 전문성, 이름값은 어느 정도인가?', '밖으로 나갔을 때 경쟁력은 있을까?' 스스로를 돌아보지만 아무리 생각해도 손에 쥔 게 거의 없다는 사실을 깨닫고 절망해. 내 분야를 정하고 경쟁력 있는 전문가가 되려는 노력보다 안전지대에 안주해 누군가 시킨 일을 수동적으로 처리하고 관계를 맺는 일에 여념이 없었어. 결국 성장이 멈춘 '사회적 난쟁이'로 전락했지만, 누구 탓을 하겠어?

맨몸으로 광야에 서보면 알게 돼

나 정도의 스펙과 경력, 배경을 가진 사람들은 시장에 널렸다는 사실을. S사 이 차장, L사 김 부장은 명함 하나로 나를 설명하기에 충분했지만, 회사와 직책을 뗀 자연인 이○○는 무엇으로 자신을 증명할 수 있을까?

신입의 직격 그 세 번째는 바로 '**직무 직**職', '**전문성**'에 대한 이야기야.

'직'을 구성하는 두 가지 요소는 '소프트웨어'와 '하드웨어'로 나뉘어. 나는 강연을 할 때 "'조직과 사람'이라는 소프트웨어를 '글과 강연'이라는 하드웨어에 담는 일을 합니다."라고 나 자신을 소개하고 있어.

소프트웨어는 핵심 콘텐츠, 무형의 자산이야. 어떤 분야에 대한 지식, 정보, 인사이트 그리고 그것들을 유지하고 감내할 내적 마인드를 총칭하지. 하드웨어는 그렇게 갖춰진 소프트웨어를 구동시키고 효과적으로 전달할 도구와 방법론이야.

이 두 가지 요소를 균형 있게 갖출 때 우리는 비로소 직격에 이를 수 있어.

분야 Field
: 회사원이 '직업'이라는 착각

"꿈이 뭐야?"

"대통령이요!"

"선생님이요!"

"과학자요!"

내가 어렸을 적에는 그랬는데, 요즘도 그럴까?

아! 요즘은 다 '의사'라고? 과열된 의대 열풍도 열풍이지만, 천진한 아이들이 하나같이 자신의 꿈을 '직업'으로 말하는 장면이 뭔가 기괴하다고 여긴 적은 없었어. 언젠가 '백년대계—교육'을 주제로 한 다큐에 출연한 북유럽 아이들의 꿈을 듣기 전까지는 말이야.

"나는 돕는 일을 좋아하니까 구름이 되어 물이 필요한 사람들에게 비를 뿌려줄래요."

자신의 꿈을 '직업'으로 이야기하는 아이는 단 한 명도 없었어. 그 아이들 역시 자라서 기후학자가 되거나, '그린피스'의 봉사단원이 되거나, '국경없는의사회'의 의사가 되거나, 멋진 요리를 만드는 셰프가 되는 등 모두 직업을 갖겠지만, '꿈'을 '이상적인 가치와 구체적인 행동으로 추구하고 실천하는 과정에서 얻은 결과물'이라고 생각하는 점에서 큰 차이가 있어.

꿈다운 꿈을 좇은 결과인 만큼 높은 확률로 자신의 직업에 만족할 뿐 아니라 더 높은 가치를 추구한다는 사명감으로 '즐겁고 보람차게' 일할 수 있을 테니 말이야.

극한의 경쟁을 이겨내고 상위 몇 퍼센트 안에 들어 '사회적으로 인정받는 직업'을 갖는 것이 유일한 일생의 목표가 된 우리 아이들과 선명히 대비됐어. 물론 그런 삶도 스스로 원했다면 나쁠 건 없어. 인생에 정답은 없는 거니까.

다만 어떤 삶을 살면 좋을지, 누구를 위한 삶인지, 내 꿈이 세상에 어떤 기여를 할지, 그 삶을 어떻게 손수 만들어 갈 수 있을지와 같은 가치관을 주체적으로 정립하기도 전에, 타인의 대본에 따라 '좋은 학교'와 '좋은 직업'을 갖기 위해 무한경쟁에서 이기는 것만이 성공임을 강요당하는 삶은 정말로 괜찮은 걸까? 그 과정에서 아이들이 진정으로 배운 건 무엇이었을까, 싶었어.

운 좋게 극한 경쟁을 이겨내고 원하던 '직업'을 손에 넣었더라도 자신의 꿈이 완성됐다고 느낄까? 그럼 그다음은 또 뭐가 기다리고 있을까? 궁금했지.

"왜 의사가 되려고 했어요?"
"돈 많이 벌잖아요. 사회적 지위도 높아지고."

입시를 마치고 이제 막 신입생이 된 의대생의 인터뷰를 본 적이 있어. 솔직한 속마음일 테지. 뭐 아픈 사람을 돕겠다는 인류애적 마음가짐도 있겠지만, 온 힘을 다 바쳐 의사, 변호사 등 전문직이 되려는 이유는 사실 뻔해.

정말로 그뿐이라면, 글쎄? 더 많은 돈, 더 높은 사회적 지위를 위한 경쟁은 끝도 없이 이어지지 않을까?

이런 현상은 지성의 요람이라는 대학에서도 다를 바가 없어. 전공은 사실상 의미가 없어졌고, 오직 '취업'을 위한 거대한 학원이 돼버린 지 오래야. 학생들도 사실상 점수에 맞추거나 사회적 인식에 따라 전공을 선택했을 뿐이야. 학점, 어학, 봉사활동, 해외 연수, 인턴 경험 등 정형화된 스펙을 갖추기 위해 대학의 낭만이나 학문의 다양성 따위는 옅어지고 말았어.

내가 뭘 잘하는지, 뭘 할 때 행복한지, 나의 일이 세상과 주변에 끼치는 영향은 어떤지 그런 본질적 질문은 대체 언제 어디에서 찾아야 할까? 언제까지 타인이 정해둔 길 위에서 정답을 강요당하며, 이기고 지는 삶을 살아야 할까?

　곤도 마리에는 일본의 평범한 주부였어. 그녀는 '정리의 달인'으로 알려지면서 미국까지 진출해 〈곤도 마리에 : 설레지 않으면 버려라〉라는 제목의 넷플릭스 시리즈를 찍을 정도로 유명세를 탔어. 귀찮은 집안일 정도로 여기던 '정리'가 하나의 '정리 컨설턴트'라는 사업 영역이 될 줄 누가 상상이나 했을까?

　곤도 마리에는 집안 정리를 단순노동으로만 보지는 않았어. 자신만의 방법으로 착착 정리된 집안을 보면서 오히려 뿌듯함과 성취감을 느꼈지. 적성에 맞았던 거야. 시간이 지날수록 노하우가 쌓였고 정리 방식은 점점 더 전문적, 체계적이 됐지. 그 노하우를 바탕으로 주변 사람들의 정리를 대신해 주거나 가르쳐주기 시작하면서 알음알음 입소문이 났고, 요청이 많아지자 비용을 받으면서 일은 점점 커졌어. 이전에 없던 하나의 필드, 즉 '장르'를 스스로 창조해 낸 셈이야.

'회사원'이라는 필드는 없어

　처음부터 꿈이 회사원인 사람은 드물 거야. 회사원의 끝판왕은 뭘까? 임원? 사장? 뭐 그런 지위를 꿈꾸며 직장 생활을 시작한 사람도 분명 있겠지. 그런데 일하다 보면 알게 돼. 회사 조직에서의 '성공'이란 온전히 실력만으로 이루어지지 않는다는 사실을. 최소

십수 년의 불확실성을 견디며 인간관계 등 업무 외 영역까지를 포함해 우연과 행운 혹은 불운 끝에 남은 결과물이라는 사실을.

그런 의미에서 '회사원'이라는 분야는 없는 것이나 다름없어. 공식적인 하나의 분야가 되려면 그 분야의 성공한 권위자들이 존재하고, 성공에 이르게 된 루트와 법칙, 패턴이 비교적 명확하게 제시되어 있어야 해. 또 일정 시간의 수련이 필요하고 공인절차를 통해 '인증'을 받을 수 있어야 하지.

'글'이라는 필드, 그중에서도 소설의 영역을 보자고. 국문학, 문예 창작처럼 전문적으로 연구하고 학습하는 분야가 존재하고, '습작'이라는 수련 과정, '등단'이라는 공인절차가 존재해. 그 관문을 넘으면 '신인 작가'라는 타이틀을 공식적으로 부여받고 작품 활동을 시작할 수 있게 돼.

'마케팅'이라는 필드는 어떨까? 경영학이라는 학문 분야 내에 마케팅만을 전문으로 다루는 커리큘럼이 따로 존재하지. 유명 기업 마케팅 부서에서 근무하며 경력을 쌓고, 마케팅 방법론을 정립해 책을 내거나, 채널을 만들어 퍼스널 브랜딩에 성공해 유명해진 이들은 당당히 '마케팅' 전문가로 대접받아. 일반회사에서 회사원으로서 마케팅 업무를 맛본 이들이 해당 경력만으로 스스로를 '마케터'라고 부르기 어려운 이유야.

착각하지 말자고. '회사원'이라는 필드는 존재하지 않아. 대다

수 '회사원'은 재직 기간만큼은 전체의 부품으로써 그 가치를 인정받을지는 몰라도, 오롯이 내 이름으로, 어떤 분야의 실력자로서 자신을 드러내기엔 한없이 부족한 타이틀일 뿐이야. 행여 그곳에서 나오는 순간, 하나의 '필드'로 알고 있었던 세계는 마치 허상같이 붕괴하고 말 거야. 대기업 소속이라도 다를 바 없어.

물론 일반회사에도 전문 직종이 존재해. 코딩 엔지니어, UX디자이너 등 기술 전문직은 실력을 기반으로 채용되고 대우받고, 이직도 상대적으로 자유롭지. 수요가 넘치기 때문이야.

'내 분야'라는 안테나

'바더-마인호프 현상Baader-Meinhof Phenomenon'은 뇌의 '선택적 주의'와 '확증 바이어스'가 작용해 일어나는 인지 현상을 말해. 쉽게 말해 자신에게 관심 있는 것들만 선택적으로 눈에 들어오는 현상을 뜻하지. 자식이 군에 입대하면 길거리에 군인만 보이고, 사려고 마음먹은 차종이 생기면 길거리에 그 차만 보이는 이치야.

내 분야가 명확해졌다는 건 일종의 안테나가 세워졌다는 뜻이야. 세상의 수많은 정보 중 그와 관련된 정보만이 마치 자석에 달라붙듯 선택적으로 수집되는 마술이지. 자연스레 '선택과 집중'이 가능해져. 아무리 하찮은 일이라도 그 안에서 의미를 부여하고 내 분야와 연결해 '가치 있는' 사고와 의도적 학습이 가능해져.

이것저것 다 해 보면서 경험을 쌓는다는 말은 거짓말이야. '제너럴리스트'야 말로 실은 뭐 하나 제대로 하는 게 없는 수박 겉핥 기식 직장인을 양산하는 기만적 용어라고 생각해. 신입일수록 내가 뭘 하고 싶은지, 내 필드를 명확히 정하고 끊임없이 주위에 어필해야 해. "직장인이면 회사에서 시키면 다 해야지! 회사가 자아실현하는 곳이냐?"라고 누군가 미간을 찌푸리며 일갈한다면 무시해. 그 사람이 내 인생을 책임져 주지는 않으니까. 물론 현실적으로 내가 원하는 일들만 선택적으로 맡을 확률은 그다지 높지 않아. 교세라 창업자이자 경영의 구루 이나모리 가즈오는 이런 말까지 했어.

"직장인이 자신이 원하는 일을 맡게 될 확률은 1/1000에 불과하다."

이때 필요한 게 바로 '내 분야'라는 안테나야. 어떤 일을 맡든 이 안테나만 선명하다면 내가 원하는 분야의 일과 그다지 상관없어 보이는 일에서 그 연관성을 찾아 의도적으로 연결할 수 있어. 무엇이 중요하고 덜 중요한지 우선순위를 가려 선택과 집중을 할 수 있게 돼.

그러니 먼저, 안테나부터 세우라고.

의도된 노력
: 마스터가 되기 위해 3F 하라

'1만 시간의 법칙'

어떤 분야든 마스터가 되려면 약 1만 시간의 연습이 필요하다는 주장으로 말콤 글래드웰Malcolm Gladwell의 『아웃라이어』를 통해 알려졌어. 재능보다 노력의 중요성을 강조했지.

'1만 시간'은 실제 어느 정도일까? 평범한 직장인의 근무시간을 기준으로 러프하게 계산해 보면, 하루 8시간, 주 40시간, 월 200시간(통상임금 산정기준은 209시간이지만), 1년 2,400시간, 4년이면 9,600시간으로 1만 시간에 가까워져. 즉, 마스터가 되려면 최소 4년을 한 분야에서만 일해야 한다는 의미가 돼.

문제는 그 시간이 오롯이 하나의 목적으로만 쓰이지 않는다는 거야. 신입으로 한 부서에 들어가 4년 이상을 내리 근무하는 경우도 드물지. 특히 일반 사무직의 경우 스페셜리스트 육성 트랙이 별도로 있지 않은 한, 3년 정도면 다른 팀으로 이동될 확률이 높아.

더구나 하루 8시간을 빈틈없이 일만 하는 것도 아니야. 최근 시행한 직장인 근무실태 조사*결과, 우리나라 직장인들은 업무 중 평균 1시간 20분 정도를 딴짓에 쓴다는군.

정말 그럴까? 고작 1시간 20분 딴짓을 한다고?

2018년 영국에서 실행한 직장인 실태조사** 결과는 또 달랐어. 이 조사에서는 직장인들은 평균 2시간 53분 정도만 집중하고 있다고 밝히고 있어. '2시간 53분을 딴짓에 쓴다'가 아니야. 즉, 하루 8시간 기준, 5시간 이상을 다른 일에 쓰거나 건성으로 일하고 있다는 의미지.

한국인이 영국인보다 표면적으로 2배 이상 성실해서일까? 아니면 불과 6년 사이에 갑자기 사람들이 급격히 성실해진 걸까? 국가와 조사 연도의 차이를 감안해도 직장에서 고작 1시간 20분을 딴짓에 쓴다는 최근 조사의 결과가 선뜻 납득이 되지 않는 건 기분 탓일까?

통계든, 실제 측정 결과든, 감이든 확실한 사실은 주어진 근무

＊직장인들, 근무시간 중 1시간 20분은 '딴짓', 동아일보, 2024.3
＊＊Survey Reveals Employee Productivity Averages 2 Hours and 53 Minutes a Day, Vouchercloud, 2018

시간 내내 한 치의 빈틈없이 일에 몰입하지는 않는다는 점이야. 적어도 1시간 20분 이상, 많으면 5시간 이상을 딴짓에 쓴다는 게 팩트 아니겠어? 핵심은 단순히 어떤 일에 1만 시간을 쓰는 일이 그만큼 어렵다는 이야기야.

더 큰 문제는 어찌어찌 한 분야에서 1만 시간을 채웠다 해도 말콤 글래드웰의 주장처럼 마스터가 되기 힘들다는 점이야. 그가 주장한 '1만 시간의 법칙'에는 큰 오류가 있기 때문이지.

원래 '1만 시간의 법칙'의 원조는 안데르스 에릭슨K. Anders Ericsson 이라는 스웨덴 출신의 심리학자야. 에릭슨은『1만 시간의 재발견』 이라는 저서를 통해 공개적으로 말콤 글래드웰의 1만 시간의 법칙 '용례'가 잘못되었다고 지적했어. '의도된 노력' 없는 1만 시간은 큰 의미가 없다고 못 박았지.

'의도된 노력'은 단순히 잘하는 수준에 머물지 않고, 최고수준에 도달하겠다는 선명한 목표를 토대로 3F(집중Focus, 피드백Feedback, 수정Fix it)의 순서로 이루어지는 연습과정을 뜻해.

과정 전체를 분석이 가능한 구성 요소로 잘게 쪼갠 다음, 강점은 강화하고, 약점은 바로잡는 '전략적' 노력이 수반되어야 하는 일이지. 이때 멘토, 코치의 도움이 있다면 그 효과는 배가돼.

말콤 글래드웰은 '재능보다 노력이 우선'이라는 메시지를 전하려 '1만 시간의 법칙'을 거론했지만, 에릭슨은 여기에서도 조금 다른 생각인 듯해. 일단 적성에 맞아야 한다는 거야. '의도된 노력'을 하기로 마음먹어봤자 그 일이 자신의 적성에도 맞지 않고 재미없고 지겹다면 1만 시간은커녕, 10시간도 버티지 못하기 때문이야. 마스터에 도달하려면 우선은 자신에게 적합한 영역부터 찾는 일이 먼저인 이유야.

그다음은 '일상에서 의도된 노력을 할 자세와 준비를 갖추었는가'의 문제야. 직장 생활 중 나 자신을 위한 시간을 할애하기란 결코 쉽지 않아. 그래서 이왕이면 내가 원하는 분야에서 되도록 오랜 기간 머물며 일을 통해 성장할 기회를 얻는 게 좋아.

자기계발을 한답시고 퇴근 후 주 2~3회, 1~2시간씩 회화학원에 다닌다거나 독서토론에 나가는 정도로는 턱도 없어. 어떤 분야든 정해지면 먼저 마스터가 되겠다는 강력한 목표의식을 설정하고, 매주 최소 5회, 퇴근 후 4시간, 5년 이상을 할애해 지속 가능한 루틴을 만들어야 하지.

어떤 분야의 마스터가 되는 데 지름길이란 없어. 빨리 가려다 더 멀리 돌아가는 법이야. 5년, 10년, 15년의 직장 생활에도 좀처럼 한 분야의 마스터로 인정받지 못하는 이유는 그 시간이 특정 분야의 '의도된 노력'으로 채워지지 않았기 때문이지. 회사의 '명함값'이라는 안전지대에 머물며 나 자신의 주체성, 뾰족함, 야성을 스스로 깎아내고, 고작 '가늘고 길게 살아남기'를 일생의 목표로 하루하루를 보낸 결과물에 가깝지.

축적의 시간, 지금부터 쏘아 올리자

이제 막 신입이 됐을 뿐인데 숨 막힌다고?

그래서 하고 싶은 일, 적성에 맞는 일, 재미있는 일을 먼저 찾으란 거야. 지금 내게 맡겨진 일이 나의 관심사와는 전혀 상관도 없고, 왜 해야 하는지 그 이유도 알지 못한 채 누군가의 지시에 의해 수동적으로 쳐내기 급급한 것들로 점철되어 있고, 그 일이 3년, 5년, 10년간 계속되기라도 한다고 생각해 봐, 얼마나 끔찍할지.

어차피 해야 하는 일, 이왕이면 그 과정에서 재미도 의미도 찾을 수 있고, 종내에는 성장까지 이뤄낼 수 있다면 꿩 먹고 알 먹고 아닌가 이 말이야.

지금 우리가 밤하늘에서 보는 무수한 별들은 최소 수백 년에서 수천, 수만 년 전에 발원지에서 쏘아진 빛이 도달한 결과물들이야. 어떤 천문학자는 이를 '묵은 별빛'이라고 부르더라고. 어디든 목적지에 도달한다는 건 반드시 그 시작이 있었다는 뜻이야.

조금만 발사 각도가 틀어지거나 기나긴 여정 속에 궤도를 이탈하기라도 하면 목적지인 '마스터'에 이를 가능성은 현저히 떨어질 테지. 물론 마음먹고 출발한다고 목적지에 이른다는 보장도 없어. 단, 내 시간의 대부분이 단순노동에 머문다면, 스스로 정한 좌표도 없이 누군가 시킨 일을 수동적으로 쳐내는 수준에서 머문다면, 마스터를 향한 내 여정은 그나마 시작도 못 하고 끝나는 셈이 돼.

그 시간은 축적돼 봐야 '묵은 별빛'으로 누군가에 닿지도 못하고 공중으로 산란되고 말 테니.

3년? 5년? 10년? 금방이야. 회사라는 안전지대에 안주하다 보면 누군가 시키는 일을 수동적으로 처리하는 일에 매몰되기 마련이지. 내가 나로 사는 일을 뒤로 미루지 마. 처음부터 삶의 주체를 나에서 타인으로 미루는 순간, '다들 그렇게 살아'라는 집단 체념에 스스로를 욱여넣어 '나'라는 주체가 흔적 없이 사라지고 말 테니.

성공하고 싶거든 합당한 비용을 지불해

'왕관을 쓰려는 자, 그 무게를 견뎌라.'라는 말이 있지? 하다못해 당근에서 중고 거래를 할 때도 물건값을 지불해야 거래가 성사돼. 하물며 인생의 성공, 한 분야의 마스터라는 거대한 가치를 얻는 데는 어떤 대가를 지불해야 할까?

'의도된 노력'은 필요조건일 뿐이야. 그냥 운이 좋아서 저절로 찾아오는 성공이란 없어. 충분히 준비되지 못한 사람에겐 행여 운이 찾아와도 그것이 운인지도 모르고 지나가는 경우가 허다해. 어쩌다 성공 근처에 이르렀다 해도 일시적이야. 결코 그다음으로 이어지지 않아. 합당한 노력 없이 결과만 취하겠다는 생각, 대가를 치르지 않고 날로 먹겠다는 생각이야말로 도둑놈 심보지.

다시 한번 말하지만, '마스터'라는 목적지로 가는 길은 3F 흐름에 따라 '의도된 노력'을 전력으로 기울여야 하는 험난한 여정이야. 더 겁나는 건 그 길 끝에 뭐가 있을지 장담할 수도 없다는 점이지. 하물며 별다른 노력도 없이 '어떻게든 되겠지'라는 생각으로 대충 하루를 보내서는 결코 목적지 근처에도 도달할 수 없어.

"난 그런 삶 싫은데요? 그냥 적당히 일하고 적당히 벌고 적당히 즐기는 워라밸을 원해요."

좋지. 그런 삶도. 특별한 욕심 없이 그저 적당한 노력으로 적당한 삶을 유지할 수만 있다면. 다만 그 하루하루가 별 의미 없는 '수동적 노동'에 대부분 쓰일 때, 워라밸은커녕 적당한 삶을 유지하기도 힘들 가능성이 높아. 그 끝에 남는 건 돌이킬 수 없는 패배감과 비루해진 여생뿐일지도 몰라.

선택은 자유야. 이 글을 읽고도 '회사'라는 거대한 안전지대에 안주하는 이들이 대부분일 거라는 데 단돈 500원을 걸어보지. 그러니 역설적이지 뭐야. 처음부터 나만의 필드를 찾아 안테나를 꼿꼿이 세우고 나만의 목적지를 향한 '의도된 여정'을 준비하고 일상을 패턴화할 수만 있다면, 극소수 '미루지 않는' 그룹에 속해 '인생'이란 레이스에서 아득히 앞서갈 확률이 높으니 말이야.

그 걸음이 쌓이고 쌓여 마침내 현저한 격차로 앞서나가, 꿈꿔왔던 목적지를 눈앞에 두게 될 거라 믿어.

회복 탄력성
: 나는요, 완전 '멘탈붕괴' 됐어요

"What dose not destroy me, makes me stronger."

퇴사 후 5년, "나를 파괴하지 못하는 한, 그 고난은 나를 더 강하게 할 뿐"이라는 니체의 이 말을 얼마나 읊조렸는지 몰라.

한때 나 자신을 크게 오해했어. 스트레스도 별로 없고 감정적으로도 무덤덤하고, 인생 전반에 큰 좌절이나 고난도 없이 무난한 삶을 살고 있다고 믿었지. 전형적인 내향형인 데다 꽤 심각한 자기애를 가졌던 터라 객관적 자기 인식이 덜 됐던 모양이야.

그러다 40대에 들어서며 호되게 당했지. 어느 순간부터 잠을 자다가도 길을 걷다가도 아무런 이유 없이 심장이 벌떡벌떡 뛰면서 곧 멈출 것 같다는 극심한 공포에 휩싸이곤 했어. 전철을 타도 세 정거장 이상을 참지 못하고 뛰쳐 내리거나 사람이 조금만 많아지면 질식할 것 같다는 느낌이 들곤 했어. 난생처음 제 발로 응급실을 찾아가기 시작했지.

급기야 온 병원을 돌며 심장, 뇌, 신경계까지 거의 모든 검사를 다 받아봤지만, 결과는 '이상 없음'이었어. 이런 행동을 '병원쇼핑'이라고 부른다더군. 이 증상의 정체는 다름 아닌 '공황발작'이었어.

그 지경에 이르러서야 내 내면을 진지하게 돌아볼 수 있었어. 업무 특성상 경영진과 현장 사이에 끼고, 직급상 위아래에 끼고, '가장'이라는 중압감에 낀 상태. 나이만 먹었지 지혜롭지 못했던 탓에 모종의 구설에도 오르내리며 정신적 피로도가 임계점을 넘었던 모양이야. 둑 터지듯 일시에 폭발한 그 무엇은 극한 불안감으로, 급기야 당장 죽을지 모른다는 공포심으로 몸과 마음을 집어삼켰어. 내면이 강하다, 무던하다, 스트레스를 안 받는다, 따위의 근거 없는 정신승리로 위기의 신호들을 무시했어. 내 안에서 일어나는 감정적 화학작용의 정체가 무엇인지 깨닫고, 이름 붙이고, 적절히 대응하지 못한 결과는 그야말로 혹독했지.

다행인지 불행인지 공황증세는 퇴사 이후 사라졌어. 문제를 일으킨 근본 원인으로부터 분리된 덕일까? 퇴사 후 이전의 인맥도 모두 끊겼지만, 한동안은 홀가분했어. 애초에 인간관계가 활발한 편은 아니었지. 전형적인 내향형으로 혼자만의 시간이 늘 부족하다고 여기곤 했던 차에 오히려 잘됐다 싶었으니까.

공황증세가 완화되고도 고립 생활이 길어지니 또 답답해지더라고. 문제는 이런 단절이 언제까지 이어질지 알 수 없다는 점이었어. 그런 생활도 한두 달이지, 2년쯤 됐을 무렵 예의 그 불청객이 다시 찾아왔어. 어느 순간 아늑하고 평안하던 집안이 감옥처럼 느껴지는 거야. 하루종일 읽고 쓰는 이 생활을 몇 년을 더해야 할지 감을 잡지 못하겠다고 느끼는 순간, 숨이 '턱!' 하고 다시 막혀왔지.

인생이 그렇더라고. 하나를 얻으면 하나를 잃는, 감정이 널뛰고 한 치 앞을 알 수 없는 불안함의 연속. 그때 우연히 니체의 말을 알게 됐고, 대책 없이 깊어지려던 좌절감에서 헤어 나올 한 가닥 동아줄을 잡은 듯했어. 크고 작은 불안과 불확실성은 여전하지만, 때 되면 찾아오는 감기처럼 '이 또한 지나가리라' 할 수 있게 됐어. 그런 과정이 반복되면서 내면의 근육이 생기듯 부정적 감정을 그럭저럭 컨트롤할 수 있다는 자신감도 부쩍 생겼지. 그 사이 책이 출간되고 강연도 하는 등 소소한 성과도 있었어. 성장의 본질인 '실력'이 차곡차곡 쌓이고 있다는 확신까지 더해지면서 내면이 조금씩 단단해지고 있음을 믿게 됐어.

결국 '회복 탄력성Resilience'이었어. 내면의 건강함뿐 아니라 어떤 분야에서 마스터가 되는 과정에 반드시 맞닥뜨릴 수밖에 없는 고난과 좌절, 실망감과 분노 따위를 어떻게 인지하고 극복할 것인지, 그것을 주기적으로 겪어내고 교훈을 찾고 학습하게 만드는 열쇠 말이야.

대책 없는 무한긍정은 위험해

제임스 스톡데일James Stockdale 소장은 베트남 전쟁 당시 포로가 된 미군 중 최고위급 장성이었어. 무려 8년에 걸친 포로 생활 동안 스톡데일은 누가 이 가혹한 환경에서 끝까지 살아남는지의 여부를 관찰했어. 마침내 포로 생활에서 풀려나 고국으로 돌아온 스톡데일이 밝힌 생존력의 비밀은 바로 '현실적인 긍정주의' 즉, '회복탄력성'이었어.

생존자들은 눈앞에 닥친 현실을 객관적으로 인지하고 수용했어. 그 안에서 할 수 있는 것들을 찾아내 융통성 있게 하루하루 최선을 다했지. 근거 없는 희망도, 대책 없는 절망도 아닌 지극히 현실적이지만 긍정적인 사고방식을 가진 그들은 놀라운 생명력으로 혹독한 포로 생활을 견뎌냈어. 학자들은 이를 '스톡데일 패러독스 Stockdale Paradox'라고 이름 붙였지.

인생을 한편의 동화처럼만 여기는 사람들이 생각보다 많아. 세상 긍정적이라 볼 수도 있지만, 한편으론 자기객관화가 안 되고 있다는 방증일 수도 있어.

매일 맑은 날만 계속될 수는 없지. 자연계에 태풍이나 가뭄, 산불 등 재난이 끊임없이 생기는 데는 다 그럴만한 이유가 있어. 맑은 날만 계속된다면 이거야말로 비정상적인 상황이 아닐까?

우리 인생도 마찬가지야. 언제나 좋을 리가 없지. 그 크기와 정도, 깊이는 각자 처한 상황에 따라 다르지만, 기나긴 인생에 역경, 고난, 실패 같은 문제적 상황을 피할 수는 없어. 현실 자체를 부인하거나 외면하고 타인, 환경 탓으로 돌리기에만 급급하다면 상황은 더 악화되고 꼬이게 될 뿐이야.

그런 상황에 직면했을 때, 우리가 통제할 수 있는 유일한 방법은 현실을 제대로 직시하고 내면을 점검하고, 효과적으로 대처할 방법을 찾아 극복하려는 미래적 관점을 갖는 일뿐이야. 이는 곧 '객관적 자기 인식'에서 시작돼.

감성 지능EQ 연구의 대가 다니엘 골먼Daniel Goleman은 감성 지능이 높은 사람의 특징으로 다음 7가지를 들었어.

- 자기 자신에게 끊임없이 동기 부여를 하고,
- 좌절에도 앞으로 나아갈 줄 알고,
- 만족을 뒤로 미루며 충동을 억제하고,
- 자기 기분을 통제하고,
- 걱정거리 때문에 사고력이 저하되지 않게 하며,
- 감정 이입할 줄 알고,
- 희망을 품을 줄 아는 것

놀랍게도 7가지 특성 모두 '회복 탄력성'과 직간접적으로 관련되어 있어. 감성 지능이 뛰어난 사람일수록 자신의 현재 처지를 객관적으로 받아들이고, 효과적인 처신과 대응으로 그 상황을 벗어날 가능성이 높다는 뜻이기도 하지.

자신만의 탈출구 만들기

'인생이 언제나 좋을 수만은 없다'는 사실을 인정하고 마음의 준비도 단단히 했어. 그럼 그걸로 끝일까? 막상 실제 그런 상황이 닥쳤을 때 생각처럼 안 될 가능성 또한 커.

수습과는 별개로 마음속 상처가 깊게 남아 좀처럼 회복되지 않는다면, 그때는 어떻게 해야 할까? 나는 그럴 때를 대비해 나만의 탈출구를 만들었어. 백팩에 노트북, 헤드폰 등을 때려 넣고 어렸을 때 자랐던 동네로 훌쩍 떠나곤 해. 거창하게 '떠난다'고 표현했지만, 지하철로 고작 30분 거리야.

지하철역에서 내려 초등학교 등굣길, 어릴 적 살았던 집터, 100일 휴가 때 가족들과 함께 거닐었던 공원 등을 돌며 그 시절을 떠올리다 보면 나도 모르게 치유받는 느낌이 들거든. 새로 생긴 카페에 들어가 따뜻한 커피나 차를 시키고 책을 보거나 글을 쓰다 보면 마음이 차분해지고 위로받게 되더라고. 생각보다 그 효과는 크고 또 오래가.

'토포필리아Topophilia'는 '장소에 대한 사랑'을 의미하는데, 사람들은 저마다 강한 애착과 감정적인 유대감을 느끼는 특정 장소가 있음을 의미해. 특히, 어린 시절의 추억이 깃든 장소에서 경험하는 긍정적인 감정과 편안함이 안정감을 주는데, 이는 정신적 치유에도 큰 도움이 된다고 해. 왜 답답할 때마다 나도 모르게 그 시절, 그 장소를 떠올리고 끌리듯 그곳을 찾아갔는지 그제야 이해가 되더라고.

이외에도 음악을 듣거나 좋아하는 영화를 보거나 여러 방법이 있을 거야. 내 경우 품질 좋은 헤드폰을 구입해 마치 현실과 단절된다는 느낌으로 자신만의 공간을 만들고 볼륨을 높여 즐겨 듣던 음악을 들으면, 정신적 피로감이나 압박감, 불안감이 해소되곤 하더라고. 치유와 예방까지, 사실은 마음만 먹으면 금세 할 수 있는 일들은 많아. 보려 하고 생각하고 마음먹으려 하지 않을 뿐.

극한 더위와 혹독한 추위를 겪을 때 열매는 더 달콤해진다고 하지. 고난과 좌절, 성공과 환희라는 양극단을 오가며 각각의 순간에 무엇을 어떻게 해야 할지 경험하고 다지는 일에 익숙해진다면 내 내면의 건강은 물론 내 분야에서 마스터가 되기 위한 지난한 여정을 묵묵히 견뎌낼 수 있으리라 확신해.

집중력
: 에어팟을 끼면
업무능률이 오를까?

"업무 중에는 에어팟을 빼세요."

"저는 노래를 들으면서 일해야 능률이 더 올라가는 편입니다."

'맑눈광*'캐릭터를 탄생시킨 '업무 중 에어팟 착용 논란', 현실은 어떨까?

업무 효율을 높일 수만 있다면 그게 무슨 문제? vs 그래도 다 같이 일하는 사무실에서 에어팟은 좀…

전자는 스타트업 혹은 IT 기업에 흔해. 반바지와 슬리퍼 차림으로 흥얼거리며 일하는 직원들. 사무실에서는 업무시간 내내 음악이 흘러나오고 미팅룸에서는 대표, 인턴 구분 없이 왁자하게 웃고

＊맑눈광 : 신조어 '맑은 눈의 광인'의 줄임말, 풍자 프로그램 <SNL>의 김아영 扮

떠드는 편이야. 각양각색, 자유분방함, 쿨함, 힙함이 생명이지. 그런 환경에서 에어팟쯤이야.

후자는 전통적 기업일 가능성이 높지. 정돈된 옷차림(좀 느슨한 편이라면 비즈니스 캐주얼 정도)에 층층시하 위계(서로를 '매니저'로 부른다고 해도)가 명확하고 팀장, 임원의 공간이 별도로 존재하는 전형적인 오피스. 발걸음 소리, 프린터 출력 소리, 키보드 타이핑 소리, 전화벨 소리, 환절기 기침 소리, 딱딱하고 기계적인 전화응대만이 이곳이 일하는 공간임을 증명해. 이런 곳에서 에어팟을 끼고 흥얼거리며 일하는 용자가 과연 있을까?

무엇이 옳으냐? 그르냐? 가치판단의 문제는 아니야. 무엇보다 어떤 방식이 좋고 나쁜지는 어디까지나 개인, 더 나아가 조직 전체의 선호도에 가까워. 혹여 취향에 맞지 않더라도 뜻하는 바가 있어 합류했다면 어떤 분위기든 참고 적응할 수도 있는 일이니까.

사실 에어팟 논란에 숨은 진짜 본질은 '정말 노래를 들으며 일하면 능률이 올라가는가?'로 몰입과 집중에 대한 문제야. 아마 각자의 경험에 따라 '그렇다'와 '아니다'로 확연히 갈릴 테지.

나라면 명백한 후자 쪽이야. 음악을 들으며 공부하거나 일하면 집중이 도통 안 되더라고. 프리랜서로 글을 읽고 쓰는 일로 하루를 보내는 지금도 마찬가지야.

여기까지는 인정하자고. 내 주관적 판단을 누가 부인할 수 있겠어? 실제로 몰입수준을 구체적으로 측정하고 증명할 방법이 딱히 존재하는 건 아니니까. 물론 반대의 경우도 마찬가지야.

집중력도 하나의 스펙트럼이야. 타고난 사람도 있을 테고, ADHD 수준의 집중력 결핍을 가진 사람도 존재해. 양극단을 제외하면 대다수는 개인적인 특성과 환경적인 이유로 어느 정도의 집중력 결핍을 겪고 있을 거야.

나 역시 몰입을 잘하는 타입은 아니야. 내 분야에 마스터가 되고 싶은 열망이 강한 만큼 어떻게 하면 집중력을 높이고 또 유지할 수 있을까에 대한 고민이 많아. 결국 찾은 방법은 나름 효과적이야.

먼저 스마트폰을 작업공간에서 아예 배제하거나 인터넷 연결을 끊은 상태로 만들어. 그런 뒤 헤드폰을 끼고 책을 읽거나 글을 쓰지. 아, 이때 헤드폰은 음악을 듣는 용도가 아니라 소음 차단용이야. 밀폐된 헤드에 노이즈 캔슬링 기능까지 작동시키면 신세계가 따로 없어. 사람에 따라 음악을 들으며 공부해야 집중이 잘된다고 생각하는 사람도 있겠지만, 주관적 믿음과는 달리 과학은 정반대의 결과를 말하고 있어.

브로카-베르니케 네트워크는 음성정보를 수신해 대뇌에 전달하는 소통 관련 메커니즘이야. 다음 그림처럼 생겼어.

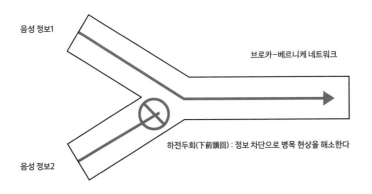

음성 정보1

브로카-베르니케 네트워크

하전두회(下前頭回) : 정보 차단으로 병목 현상을 해소한다

음성 정보2

그림에서 보듯 뇌 속의 언어정보처리 체계는 동시에 밀려오는 정보 중 가장 중요한 것을 하나씩 순차적으로 처리하도록 만들어져 있어. 동시에 들어왔지만 우선 순위에 밀린 또 다른 정보는 그 사이 아예 사라지거나 현저히 훼손된 상태로 후순위 처리될 가능성이 높아. 마치 식도와 기도의 구조처럼 음식이 들어가면 식도가 열리고 공기가 들어가면 기도가 열리는 것과 비슷하지.

이 네트워크의 작동방식이 시사하는 바는 인간의 대뇌가 정보를 받아들이는 방식이 멀티태스킹과는 거리가 멀다는 사실이야. 아니, 아예 불가능하다는 말이지. 비단 청각을 통한 음성정보뿐 아니라 시각을 통한 문자, 이미지 정보 역시 같은 방식으로 처리된다는 의미이기도 해.

실제 음악을 들으며 책을 읽는 상황을 가정해 보자고. 눈으로 들어오는 시각 정보, 즉 텍스트에 완전히 몰입하게 되면 청각을 통해 들어오는 음성 정보인 음악은 차단돼. 책을 읽는데 음악이 들려온다는 말은 완전히 시각 정보에 집중하지 못해 주의력이 분산되고 있다는 뜻이야.

한마디로 책에도 집중 못하고, 음악에도 집중하지 못한 어정쩡한 몰입상태, 즉 가몰입 상태로 두 과업을 수행한다는 의미가 돼. 양측의 정보가 모두 온전한 형태로 처리되지 못하고 파편화된 형태로 입력되고 처리된다는 뜻이지.

시각에서 청각, 청각에서 시각으로 정보입력이 무수히 교차 반복되는 과정에서 주의력이 지속적으로 손실되는 셈이야. 이때 손실되는 주의력은 최소 50% 이상이야. 흔히 멀티플레이를 한다고 생각하지만, 이는 엄연한 착각이란 말이야.

연습에 따라 전환의 속도가 빨라질 수는 있어도(그래서 멀티태스킹을 하고 있다고 착각하게 되는) 한 번에 하나의 과업에 집중하는 정도의 집중력 발휘는 사실상 불가능에 가까워.

'나는 그래도 노래를 들으며 일해야 능률이 올라간다'라는 주관적 믿음을 버리지 못하겠다면, 뭐 좋아. 단, 가사와 멜로디를 무의식적으로 따라 부르게 되는 가요나 팝송은 되도록 지양하길. 잔잔한 리듬감이 반복되는 클래식, BGM 정도라면 대안이 될 수 있을지도 몰라.

몰입과 집중을 위한 단절의 시공간이 필요해

집중력 결핍의 시대야. 그렇다고 산속으로 들어가 '자연인'으로 살 수도 없고, 결국 스스로 몰입과 집중을 위한 단절의 시공간을 전략적으로 만들 수밖에 없어. 그 환경을 회사에서 세심하게 만들어주면 좋겠지만, 회사와 리더의 배려가 없더라도 개인의 강력한 의지만 있다면 얼마든지 가능한 일이야.

우선 가장 손쉽고도 효과적인 방법은 시간을 전략적으로 구분해서 쓰는 일이야. 출근 후 1시간 정도는 어제 미처 처리하지 못한 이메일 업무나 오늘 할 일을 정리하는 정도의 warm-up 시간으로 쓰고, 이후 시간부터 점심시간 전까지는 최우선 업무에 집중하는 거야. 이때 메신저나, 이메일 수신, 심지어 스마트폰까지 꺼두는 게 좋아. 정말 급한 일이라면 상대편 당사자가 유선 전화라도 하게 되어 있어.

점심 식사 이후에는 약 1시간~30분 정도의 시간을 두고 오전에 꺼두었던 메신저 업무, 이메일 업무 등 피상적 업무를 처리해. 그 후 다시 몰입 모드로 들어가서 퇴근 1시간 전까지 최우선 업무에 집중하는 거야. 마지막 1시간은 주의력이 떨어져도 괜찮을 루틴한 업무를 주로 하면서 퇴근 준비를 해 보자고.

물론 돌발 업무가 떨어지거나 긴급한 미팅이 생길 수도 있지만, 그런 일이 상시적으로 일어난다면 일의 배분이나 계획적 업무 프로세스에 심각한 문제가 있다는 신호 아니겠어? 회사의 업무 패턴에 따라 얼마든지 유동적으로 개인화할 수 있어.

일을 크게 '확산과 수렴'이라는 두 덩어리로 구분 지어보라고. 확산의 일에는 산만함도 괜찮아. 상대적으로 주의력도 덜 필요하지. 예컨대 피상적인 일, 아이디어 회의, 이메일 업무, 메신저 소통 등을 포함해. 수렴의 일에는 반드시 고요함이 필요해. 깊은 사색과 몰입으로 일에 깊이를 더하는 시간이지. 내 분야의 메인 업무, 전략 프로젝트, 팀 전체의 핵심과제 등이 여기에 속해.

집중해야 할 '온리원' 찾기

'Pay attention', 이 문장에서 '지불하다'라는 뜻의 'pay'를 쓰는 이유는 주의력이 소모품이기 때문이야. 다시 말해 하루에 쓸 수 있는 총량이 정해져 있다는 뜻이지. 이 소중한 자산을 가장 중요한 일에만 쏟아도 모자랄 판에 이것저것 피상적인 일에 매몰되어 낭비하게 된다면? 그 일이 매일 반복된다면? 결국 그 피해는 고스란히 나 자신에게 돌아오게 될 거야.

주의력을 단 하나의 일, 메인 업무에 온전히 쓸 수 있느냐는 대단히 중요한 문제야. 두 개 이상을 동시에 손에 쥐려 하지 말란 말이야. 그러면 이도 저도 다 놓치고 말아.

아, 일을 선택해서 할 수는 없다고? 알아. 회사 환경이 그렇게 내버려 두지도 않지. 중요도가 떨어지거나 나와 별 연관 없는 피상적 일들을 아예 하지 말라는 뜻도 아니야.

단, 주의력을 집중시킬 단 하나의 업무가 무엇인가를 정확히 파악하고, 내 주의력을 어디에 어떻게 쓸 것인가에 대한 생각은 늘 머릿속에서 놓지 말아야 한다는 뜻이야. 누군가의 지시를 수동적으로 따르다 보면 그에 익숙해져서 쉽게 업무의 본질을 잊기 마련이니까. 어떤 일에 주의력을 덜 쓸지를 결정하는 건 어디까지나 자신의 몫이야.

이것저것 다 놓친 후에 "당신이 시킨 일 하다가 이렇게 됐잖아요!" 하고 하소연해 봤자 버스는 이미 떠난 뒤야.

흔히 업무의 경중을 파악할 때 쓰는 '중요도/긴급도 매트릭스'를 보자고.

	긴급함	긴급하지 않음
중요함	I 사분면	II 사분면
중요하지 않음	III 사분면	IV 사분면

'이 매트릭스에서 어떤 일을 가장 중시해야 할 것인가?'라고 묻는다면, 대다수는 ①사분면을 택할 거야. 중요한데 긴급한 것. 그런데 여기에는 사실 두 가지 함정이 있어. 중요한데 긴급하게 처리해야 할 일이란 대체 어떤 성격의 일일까? 또 중요한 일을 매번 긴급하게 처리해야 한다면 제대로 처리할 수 있을까?

그러니 ①사분면은 가능한 최소화해야 할 일이야. 몇 번은 운 좋게 좋은 결과가 나올 수 있어도 그런 상황이 잦다는 건 애초에 조직의 중장기 전략에 심각한 문제가 있다고 볼 수밖에 없어. 설마 사장님이나 높은 분들이 갑자기 시키는 스팟성 업무를 중요하고 시급한 일이라고 생각하는 건 아니겠지?(그 정도로 바보는 아니라고 믿고 싶어)

내가 생각하는 최선의 일이란 바로 ②사분면의 일이야. 시급하지는 않지만 중요한 일. 내 필드에서 꾸준히 몰입해야 할 일이 다 거기에 있어. ②사분면에 속한 업무를 중장기적 계획을 세워 순차적으로 꾸준히 이행하는 과정이야말로 전략적 업무 수행에 가까워. 그 결과, 일을 통한 성장이 일어나고, 부가적으로 ①사분면의 일 역시 줄어들면서 시간적 여유까지 확보하는 1석 3조의 효과가 나타나지.

무엇이 중요하고 덜 중요한지도 모른 채 주어지는 모든 일을 똑같은 수고와 주의력을 기울여 처내려다 보면 '열심히 한다'라는 평은 들을 수 있어도 '제대로 잘한다'라는 평을 듣기는 힘들어. 금방

지치거나 번아웃에 이르는 건 덤이야.

일머리는 일의 경중을 제대로 파악하고, 내 실력과 연계되는 일을 찾아 최고의 주의력을 기울여 몰입하는 능력을 뜻해. 실력은 그 과정에서 자연스럽게 따라오는 부차적 성과물이라는 사실을 잊지 말라고.

리터러시
: 글이 밥 먹여주냐?

'잘 달리고 잘 멈추기'

자동차의 기본기는 심플해. 그렇다면 직장인의 기본기는 뭘까? 그 질문에 한치의 주저 없이 '**리터러시**Literacy'라고 말하겠어.

'리터러시'는 문자화된 기록물을 통해 지식과 정보를 획득하고 이해할 수 있는 능력＊을 말해. 단순히 읽고 쓰는 능력뿐 아니라 변화하는 사회에 적응 및 대처하는 능력으로 그 개념이 확대됐지.

우리나라 문맹률은 약 1~2%로 세계 최고수준으로 알려져 있어. 거의 모든 사람이 읽고 쓸 줄 안다는 말이지. 문제는 글을 읽고 해석하는 능력, 문해력이야. 기사＊＊에 따르면 OECD 국가 중

＊ 출처 : 네이버 지식 백과
＊＊ 나라별 사실-의견 구별 능력과 전반적 읽기 능력의 상관관계. 국민일보. 2022.09.14

'사실-의견 구별 정답률', 즉 문해력은 놀랍게도 최하위 수준이야. 이런 현실은 최근 뉴스*를 통해서도 꾸준히 지적되고 있어.

- 세로로 서 있는데 왜 '가로등'이냐고 반문하는 학생
- '시장이 반찬'이라는 말을 '시장에 가면 반찬이 많다'고 풀이하는 학생
- '사건의 시발점'이라고 했더니, "선생님이 왜 욕을 하시느냐"고 따지는 학생
- '금일'은 금요일, '사흘'은 4일을 뜻한다고 확신하는 학생

비단 아이들만의 문제도 아니야. 최근 학교에서 발송한 가정통신문 식단표 중 '중식'을 중국식으로 오인해 '왜 한식을 제공하지 않느냐?'고 항의하는 학부모들이 있었다고 하니 이쯤 되면 일부의 문제가 아닌 전반적인 사회현상에 가깝지.

어쩌다 이렇게 됐을까? 크게 두 가지 요인 때문이라고 봐.

- 상시 연결이 가능한 디지털 기술의 일상화
- 글을 읽고 쓸 여유를 허락하지 않는 초경쟁 사회

전자를 관통하는 현상이 바로 '주의력 결핍'과 '사고력 저하'야.

✳ '세로인데 왜 가로등?…낮은 '문해력' 실태', SBS. 2024.10.09

이는 '스낵컬처'를 통해 더 악화 돼. '스낵컬처'란 언제 어디서나 간편하게 즐길 수 있는 '스낵'에서 유래된 말로, 출퇴근 시간이나 점심시간 등 짧은 시간에 간편하게 문화생활을 즐기는 새로운 문화 트렌드를 의미해.

유튜브의 숏츠, 인스타의 릴스 등 1분 이내의 길이로 짧은 시간 동안 별생각 없이 가볍게 소비할 수 있는 스낵컬처가 어느 순간 우리 주변을 장악하다시피 했어. 이런 스낵컬처에 대책 없이 노출되고 차츰 익숙해지면서 조금만 길거나 깊이가 있는 정보는 못 견디게 됐지. 스마트폰을 손에서 놓지 않는 현대인의 생활습관은 이제 남녀노소를 가리지 않아.

후자를 관통하는 단어는 '전쟁터'야. 흔히 '직장은 전쟁터'라고들 하지. 노골적으로 사회의 냉정함, 지독한 경쟁의식을 부추기고 당연시하는 이런 말이 아무렇지 않게 통용되고 있어. 학교는 또 어떻고? 또래끼리 함께 뛰어놀고 부대끼고 더불어 살아가는 협력을 배우기보다는 1점이라도 더 받아 좋은 대학에 들어가는 일만이 유일한 목표가 된 지 오래야. 옆자리 아이는 유대감을 맺고 사회성을 기르고 함께 성장해 가는 친구가 아니라 반드시 이겨야 할 경쟁자로, 심지어 내 위치를 위협하는 적으로 여겨지기까지 해.

이 두 가지 요인을 직접 반영하는 바로 미터 중 하나가 '독서율'이야.

한 조사*에 따르면 우리나라 성인 독서율은 매년 최저치를 경신 중이야. 1년간 성인 독서율은 2024년 기준, 43%로 1년에 책을 한 권도 읽지 않는 사람이 절반을 넘는 셈이야. 그런데 이런 의심도 들더라고. 정말 첫 장을 펼쳐 마지막 장까지 1권이라도 완독하는 사람이 43%나 된다고? 개인적으로 책을 읽는 주변 사람을 거의 찾아볼 수 없었던 현실을 감안하면 이마저도 부풀려진 수치는 아닐까, 싶었지.

이 조사에서 독서를 하지 않는 이유 1, 2위로 '시간이 없어서', '책 이외의 다른 매체를 이용해서'가 뽑혔는데, 이 답변들은 그 자체로 '초경쟁 사회', '스낵컬처'라는 두 요인이 문해력 저하의 핵심 원인임을 고스란히 보여주고 있어.

이는 우리 사회의 문해력, 즉 리터러시 역량이 앞으로도 더 악화될 소지가 매우 크다는 점을 시사해. 독서를 많이 한다고 반드시 리터러시 역량이 향상된다는 법은 없지만, 독서를 위한 시간을 따로 낼 수 없을 만큼 삶에 쫓기고, 1~2분짜리 스낵컬처에만 익숙한 이들이 깊이 있는 사고에서 차츰 멀어질 것이라는 예상은 불 보듯 훤해.

하버드대학 등 세계 최고의 대학들이 글쓰기를 신입생 필수과목에 반드시 포함시키는 이유, 이른바 '문사철(문학, 사회, 철학)' 인

✳ 종합독서율 추이, 연합뉴스, 2024.04.18

문학을 더 강화하는 이유는 자명해. 새로운 시대에 문해력과 깊이 있는 사고력을 바탕으로 한 '인간 성찰'이야말로 창의력과 기업경쟁력을 확보할 수 있는 핵심요인임을 꿰뚫고 있기 때문이야.

취업이 쉽지 않다는 이유로 인문학을 홀대하다 못해 전공 폐지까지 불사하는 우리 대학들의 역주행을 보고 있노라면, 당분간 젊은 세대 사이에 '시간이 없어서', '책 이외의 다른 매체를 이용해서'라는 이유로 독서율과 문해력 저하는 지속되겠구나 싶어.

독서는 '시간을 내서' 해야 하는 일

여유가 없지. 지치지. 하루 일과를 마치고 집에 오면 손가락 하나 움직이기 힘들 만큼. 그래서 고작 할 수 있는 건, 유튜브 앱을 열거나 인스타 앱을 열어 멍한 상태로 숏폼과 같은 이른바 '스낵컬처 콘텐츠'를 소비하는 일뿐인지도 몰라.

물론 그런 시간도 중요하지. 언제나 팽팽한 긴장감 속에 매순간 잔뜩 굳어 있을 수만은 없는 노릇이니까. 그렇지만 그 시간이 일상의 일부분이 아닌 대부분이 되어선 곤란해. 스낵컬처는 그 내용이 아무리 좋아봤자 휘발성이기 때문이야. 1분 이내 콘텐츠에서 우리가 유의미하게 받아들일 만한 가치 있는 정보는 얼마나 될까?

8~10분짜리 롱폼(이걸 롱폼이라고 부르는 것도 우습지만) 콘텐츠 역시 숏폼에 비해서 7~8배나 길지만, 이 역시 깊은 사고로 이어

지기엔 무리가 있어. 봐도 별로 남는 게 없는 휘발성인 건 마찬가지야.

그런 무의미한 일에 내 시간의 대부분을 낭비해도 괜찮을까?

잠시 멈춰 서서 내면의 저 깊은 곳으로 들어가 기쁨과 성취, 욕망 그리고 목적지를 그리는 탐색을 반복하다 보면 '다른 사람들은 어떨까?, 또 다른 세계는 어떻게 구성되어 있을까?'라는 호기심이 생길 수밖에 없어. 그때 '독서와 글쓰기'만큼 유용한 도구가 또 있을까? 누군가 이미 겪고 고뇌하고, 그렇게 남겨진 통찰의 결과물을 이보다 쉽고 빠르고 저렴하게 접할 수 있는 방법이 또 있을까? 그 행위 자체만으로도 내 세계는 말할 수 없이 넓어져.

소설, 에세이, 자기계발 어떤 분야건 상관없어. 일단 책장을 펼쳐보자고.

'에이, 소설은 독서도 아니야!'라거나 또 반대로 '자기계발서는 시간 낭비야!'라며 취향에 따른 편협성을 드러내는 사람도 있지만, 중요한 건 뭐든 읽는다는 거야. 그리고 읽은 것을 정리하며 내 생각을 조금씩 추가하다 보면 자연스러운 글쓰기로 이어지게 되어있어. 그 형태가 무엇이든, 결과물의 수준이 어떻든 독서와 글쓰기라는 행위는 나 자신과 타인의 마음, 궁극적으로는 우리가 사는 세계의 구석구석으로 연결해 줄 통로로서 그 가치가 커.

일이 바빠 독서를 할 시간이 없다고? 본말이 전도됐어. 독서에 바빠 참조로 온 이메일에 회신할 시간, 쓸데없는 회의에 낭비할 시간, 메신저로 잡담할 시간, 회식에 참석해 부어라 마셔라 할 시간이 없다고 말하는 게 맞아.

'읽기와 쓰기' 역시 전문 영역이야

'읽기와 쓰기'를 못하는 사람이 있을까? 학창 시절부터 직장인인 지금까지 '읽기와 쓰기'는 일상이나 다름없었어. 그래서 곧잘 '읽기와 쓰기' 역시 하나의 전문 영역이라는 사실을 망각하곤 해. 늘 해오던 일이니 어느 정도 안다고 생각하고, 심지어 '나 정도면 꽤 잘 한다'는 자신감을 가진 사람도 많아.

그중 글쓰기는 조금 더 전문 영역에 가까워. 평소 독서량이 많은 사람이라면 독서 자체가 읽기 훈련으로 작용해서 자연스레 읽기 역량이 일정 수준에 이를 테지만, 글쓰기는 마음먹고 격식을 갖춰 '글'이라는 온전한 결과물을 생산해야 하는 일인 만큼 보다 정형적이고 체계적인 절차를 갖춰야 하지. 단, 일기는 제외야.

물론 많이 써보면 늘어. 글쓰기 역시 재능보다는 부단히 연습하면 숙련에 이르는 기능에 가깝지. 초중고 시절 숙제로 꾸역꾸역했던 일이긴 하지만, 일기도 쓰고 독후감도 쓰고 대학생이 되면 리포트, 졸업 논문도 쓰면서 글쓰기를 멈춘 적은 거의 없었으니까.

문제는 글쓰기를 일상 속 기능 수준으로 생각하다 보니 '의도된' 노력이 추가되지 않는다는 점이야. 직장에서 매일 보고서를 쓰면서도 '그 수준이 그 수준'에 머무는 이유. 특히 PPT는 글쓰기 연습에 있어서는 재앙과도 같은 툴이야. 회사마다 정해진 보고 양식이 있고, 그 틀에 맞춰 데이터, 그래프, 이미지 등을 집어넣으면 대체로 무난한 꼴의 자료가 뚝딱 만들어지거든. 이게 처음엔 별천지 같지만 가만 생각해 보면 순수한 글쓰기 연습을 원천 봉쇄하는 원흉과도 다름없어.

뭔가 겉모습은 화려하고 그럴듯한데, 정작 내용은 별로 없는, 뭘 말하려는지 핵심 메시지를 도무지 파악하기 힘든 그런 보고자료, 발표 자료가 업무 현장에서 수없이 쏟아지는 이유야.

직장의 일이란 게 담당자의 능동적이고 주체적인 행위라기보다는 누군가 시킨 일을 수동적으로 쳐내는 일들이 대부분이야. 그렇다 보니 사유의 과정 자체가 빈약하고, 자료의 전개 과정 역시 이전에 해왔던 방식을 답습하는 식으로 진행되는 경우가 많아.

신입부터 대리, 과장에 이르기까지 실무자들의 리터러시 역량, 특히 '글쓰기 역량'은 고만고만해지고, 그들의 상사 역시 오탈자나 글의 배열, 폰트, 데이터의 미시적 정확성, 형식 따위에 신경 쓰느라 정작 내용에는 무심해지면서 리터러시 측면에서 피드백을 받는 기회도 없어.

'아마존'은 그 본질을 꿰뚫고 있었던 모양이야. 제프 베이조스

Jeff Bezos의 지시로 PPT 사용 금지령이 내려지더니 모든 회의자료, 보고서는 최소 1page에서 최대 6page 분량의 텍스트로 작성하라는 지시가 내려졌어. 이른바 '6pagers' 정책이야.

'6pagers'가 정착되면서 아마존에는 큰 변화가 생겼어. 직원들의 리터러시 역량이 대폭 상승했음은 물론, 회의도 짧고 간결해졌어. 회의 주관자는 6pagers를 공들여 만든 후 연관된 사람들을 불러 자료를 나눠주고, 10~15분가량 읽게 해. 그 후 주관자의 브리핑 없이 참석자들의 Q&A로만 회의가 이루어지면서 보다 효과적인 정보 공유의 장으로 거듭나게 됐어.

PPT에서 텍스트 중심으로의 변화, 별것 아닌 것 같지만 직장인의 기본기인 리터러시 역량이 부족한 사람들에겐 곤욕스러운 일이었을 거야.

앞서 말했듯 글쓰기 역시 기능에 가까워. 많이 쓰다 보면 늘게 되어 있어. 시중에 출간된 글쓰기 책도 많아. 나름의 절차와 격식, 로직을 갖추고 있어서 스스로 피드백하며 연습하기에 큰 어려움은 없어.

"에이, 우리는 아마존이 아니잖아요."라고 콧방귀 뀌며 PPT 레이아웃을 만지는 이들에게, 성공하고 싶거든 '의도된 글쓰기 노력'을 서두르라고 말하는 건 지나친 간섭일까?

피드백
: 일, 잘하는지 못하는지
어떻게 아는가

크리스마스를 앞둔 어느 연말, 기업문화실 K 상무는 구성원들에게 메일 한 통을 보냈어.

"올 한 해도 고생 많았습니다. 부탁이 하나 있는데 여러분의 피드백을 받고 싶어요. 단, 장점이 아니라 단점, '이점만은 고쳐줬으면 좋겠다'라는 내용이어야 합니다. 실명 피드백도 대환영이지만, 혹시 이름이 노출될까 걱정된다면 비서에게 보내도록 하세요. 익명으로 전달되도록 조치하겠습니다."

의례적인 연말 인사인가보다, 하고 대수롭지 않게 메일을 열어본 사람들은 당황했어. 처음엔 K 상무의 진짜 의도를 의심했지. 그래서인지 곧이곧대로 단점 위주의 피드백을 보낸 사람은 단 한 명도 없었어.

　이듬해 연말에도 K 상무는 또다시 같은 내용의 메일을 보냈어. 이번엔 기업문화실 구성원을 일일이 찾아다니며 직접 '단점 피드백'을 달라고 부탁하기도 했어. 분명 어떤 노림수가 있다고는 생각했지만, 이를 빌미로 기업문화실 내 불만 세력을 찾아내려는 꼼수라고 여기는 사람은 없었어.

　"그래도 올해는 세 분이 저에 대한 피드백을 보내줬어요."

　전체 송년회에서 K 상무는 건배 제의를 하며 피드백 내용도 함께 공개했어. 그 수위는 생각보다 셌지.

　"공정하게 대하려고 노력하시는 건 알겠는데, 일부 특정 인원에 대한 노골적인 편애가 있는 것 같습니다."
　"구성원들과 격의 없이 어울리려 하시는 건 좋은데 가끔 선 넘는 경우가 있는 것 같아요. 이를테면 외모 지적 같은 거요."
　"오너 패밀리의 무리한 오더에 너무 비판 없이 올인하시는 거 아닙니까? 쳐낼 때는 쳐내셔야지요."

　"물론 처음에는 놀랐어요. 내가 그랬나? 싶었죠. 곰곰이 내 행동을 돌아보는 계기가 됐습니다. 그때 비로소 아~ 하게 되는 부분이 보이더군요. 날카롭고 타당한 지적이었어요. 여러분의 피드백이 없었다면 평생 모르고 지나갔을 부분 아닙니까? 아찔했지요."

K 상무는 진심으로 고마워하는 듯 보였어. 그리고 지적받은 점들을 실제로 고치려고 노력하는 모습이 역력했어. 사람들은 K 상무의 진정성을 조금씩 믿게 됐고, 이후 K 상무가 퇴직할 때까지 '단점 피드백'은 매년 계속됐어.

K 상무는 경력직으로 입사해 임원까지 오른 나름 입지전적인 인물이었어. 원래는 재무통이었는데 부서를 가리지 않고 사내에 따르는 사람도 많고, 일머리와 사내 정치에 관한 한 탁월했지. 처세에 대한 결은 나와는 완전히 달랐지만, 단점을 말해달라던 그 시점부터 인간적으로도 호감을 샀던 것 같아.

어느 정도 높은 지위에 도달한 사람치고 자신에 대한 쓴소리를 일부러 듣고자 하는 사람이 얼마나 될까? 주변에 온통 '내 귀에 캔디'인 예스맨들의 달콤한 이야기에 빠진 나머지 '나 정도면 완벽한 리더'라는 착각에 빠진 임원들은 또 얼마나 많을까?

'메타인지'는 1970년대에 발달심리학자인 존 플라벨J. H. Flavell이 창안한 용어로, '남의 지시 이전에 스스로 자신의 평가에 대해 생각하는 능력'을 말해＊. 자신의 생각이나 느낌, 지식을 곧이곧대로 받아들이지 않고 이게 맞는지 아닌지 스스로 검증을 거치는 능력,

＊ 출처 : 나무위키

자기성찰이라고도 하지.

K 상무처럼 메일을 통해 자신의 단점을 알려달라고 하는 개인적인 노력이 없다면, 직장에서 메타인지를 통해 성장에 이르게 하는 유일한 툴은 아마도 피드백 제도일 거야. 회사마다 구성원의 역량과 성과를 토대로 현재 어떤 위치에 있는지 보여주는 객관적 툴을 구축하려 애쓰고 있지. 우리 기업들은 구성원의 역량과 성과를 어떻게 측정하고 또 피드백해 왔을까?

'테일러리즘'은 경영학자인 프레드릭 테일러_{Frederick Winslow Taylor}가 창시한 과학적 관리 기법이야. '노동자의 움직임, 동선, 작업 범위 등 노동 표준화를 통해 생산 효율성을 높이는 체계'를 말해*. 테일러리즘은 그동안 급속한 양적 성장을 이뤄온 산업현장에서 경영 헤게모니를 장악했어. 현대 경영인들은 테일러리즘과 숫자, 데이터에 의한 이성 중심 경영이야말로 가장 합리적이고 효과적인 회사 운영방식이라고 믿게 됐지.

MBO_{Management By Objectives}(목표 관리 방식)는 그런 시류에 발맞춰 등장한 과업, 성과 관리의 방법론이야. 사기업뿐 아니라 공기업에 이르기까지 표준이 된 지 오래지. KPI_{Key Performance Indicator}(핵심 성과 지표)는 MBO의 맥락 안에서 개별 업무 성과를 측정하기 위한 도구로, 일의 성공 여부를 판단하는 기준이 되는 핵심 지표를 말

＊ 출처 : 네이버 지식백과

해. 여기서 우리가 주목해야 할 키워드는 바로 'Key'야. 내가 해석하는 KPI는 그 일이 성사됐다고 보는 단 하나의 지표야. 그 지표는 아무리 많아도 2개를 넘으면 안 된다고 믿고 있어.

그런데 우리가 작성한 KPI를 보면 어때? 적어도 3개, 많으면 10개 이상이 되기도 해. 그 내용을 찬찬히 들여다보면 별 중요하지도 않은 보통 지표, 그러니까 단순 PI를 나열해 놓고, 그 전부를 KPI라며 관리하는 사례가 많아. PI는 KPI가 최상단에서 달성될 수 있도록 보조 역할을 하는 하위 지표 혹은 사이드 지표일 뿐이야.

KPI는 보통 연말에 금년 성과를 토대로 회사, 사업부, 팀, 개인의 위계로 얼라인 되어 작성되는데, PI들은 큰 변동 없이 전년의 성과에서 +3~5% 식으로 어림짐작해 대충 채워 넣는 식이야. 1년짜리 계획이 다 그렇지. 일이 추진되는 과정에 디테일이 변동되는 경우도 많고, 중간에 KPI 수정도 가능하니 첫 작성 시에는 일단 빈칸 채우기식이 되기 쉬워. 진지하고 본격적인 성과 지표라기보다는 빨리 쳐내기 바쁜 요식행위가 되기 일쑤야. 물론 회사 전체의 KPI는 꽤나 정성을 들여 작성되지만, 개인까지 내려오는 과정에서 느슨해지는 경우가 많아.

"측정할 수 없다면 관리할 수 없다."

경영학의 구루, 피터 드러커Peter Drucker의 말로 알려져 있지만,

사실 피터 드러커는 그런 말을 한 적이 없어. 그 출처는 경영 컨설턴트 에드워드 데밍이야. 더 놀라운 사실은 비슷한 뉘앙스의 말을 하긴 했지만, 그 말을 비판하기 위해 사용했을 뿐이라는 거야.

실제 에드워드 데밍은 이를 '거짓말'이라고도 했어. 지나치게 단순화된 접근이라고 보았고, 조직 내에서 중요한 많은 것이 수치화되거나 측정될 수 없지만, 이 역시 효과적으로 관리될 수 있다고 주장했어.

데밍은 품질과 성과를 측정하는 일의 중요성을 인정했지만, 모든 요소가 측정될 수 있다고 생각하지는 않았어. 예를 들어, 인간의 창의성, 팀워크, 혁신, 사기와 같은 요소들은 매우 중요하지만, 수치로 표현하기 어려운 것들이고, 그래서 과도하게 측정에 의존하는 경영 관행은 위험하다고 경고했어.

이런 식이라면 KPI로는 성과는 물론, 역량 자체를 제대로 측정할 수 없어. 역량 역시 J.D Job Description(직무 기술)라는 이름으로 일반적 수준에서 정의되어 있지만, 이마저도 개인화는커녕 최근 트렌드를 반영한 업데이트조차 제때 이루어지지 않는 게 현실이야.

평가는 역량+성과 KPI로 이루어지는데, 툴 자체가 엉터리인 데다 평가자의 주관이 반영되는 일이 비일비재해서 피드백 역시 일종의 요식행위처럼 변한 지 오래야. 피드백을 제대로 수행하는 리더들이 드물다 보니 자연히 다수의 직장인은 자신의 역량 수준과 성과, 현재의 위치를 정확히 파악하기도 힘들어졌지. 함께 일했던 모 팀장은 "평가는 마음의 거리"라고까지 주장했어.

아인슈타인의 말마따나 어제와 같은 행동을 유지하면서 오늘과 내일이 다르길 기대하는 일만큼 어리석은 일이 또 있을까? 더 늦기 전에 극단적 이성주의(숫자, 데이터를 맹신하는)에서 벗어나 역량 그 자체를 새롭게 정의하고 개인화해 측정하고, 구체적으로 피드백할 수 있는 새로운 툴을 찾을 필요가 있어.

역량 = T.A.S.K

이 일이 어떤 사람에게 잘 맞는지 아닌지, 그 일을 맡기면 잘 할지 못 할지 어떻게 알 수 있을까? 역량competency은 능력ability과는 조직에서 쓰임새가 약간 달라. '역량'은 능력의 한 부분으로 볼 수 있지만, '특정 분야의 일에 필요한'이라는 조건이 붙어 조금 더 집요하고 세부적이야.

우리 기업현장에서 개인의 역량을 평가할 때 쓰는 절대기준은 여전히 '학벌'이야. 신입 채용 과정에서 전공, 학점, 인턴 경험과 같은 것을 보기도 하지만, 사실 학벌 하나면 합격의 9부 능선을 넘는다는 사실을 누가 반박할 수 있을까? 문제는 실무현장에서 학벌은 뛰어나지만, '일머리'가 현저히 떨어지는 경우가 의외로 잦다는 점이야. '학벌'은 기껏해야 이성 지능IQ과 성실성 검증에 유용할 뿐이야.

물론 직장 생활에서 뛰어난 이성 지능과 성실성은 필요조건 중

하나야. 다만 '일잘러'의 충분조건이자 전부일 수는 없어. 역량은 이성 지능이라는 하나의 요인으로 구성되지 않고, 감성 지능EQ을 포함한 여러 요인이 화학작용을 일으켜 형성되는 종합 결과물이기 때문이야. 일반적이지 않고 구체적이며, 전체적이지 않고 개인적이야. 역량은 바로 T.A.S.K야.

'T'는 Talent, 즉 재능이야. 그 일에 적합한 성향과 적성을 갖고 있는지 살피는 일이야. 자기 인식 능력 즉, 감성 지능의 영역이야. 스스로 자신을 깊이 있게 성찰하고 장점과 단점을 명확히 분류할 수 있는 능력이야말로 기본 중 기본이야. 역량 개발은 반드시 이 T로부터 시작해야 해. 재능, 적성에 맞지 않는 일을 평생 해야 한다면 억지로 꾸역꾸역 처내기에 급급하다 번아웃에 빠지거나 끝내 도망치고 말 거야.

'A'는 Attitude, 태도야. 선명한 자기 인식을 바탕으로 사회적 관계를 맺는다는 측면에서 이 역시 감성 지능의 영역에 속해. 수많은 현장의 리더가 태도를 오해하고 있어. 인간성, 예의범절, 리더인 자신에 대한 충성 정도로 말이야. 그러나 역량에서 말하는 태도는 관계, 친분에 국한되지 않아. 무엇보다 '일'과의 관계 그 자체에 초점을 맞춰. '문제 의식을 가지고 임하는가?', '열정을 가지고 임하는가?', '끝까지 책임지고 완수하는가?' 등 그 일을 수행함에 있어 필요한 개인적 관점, 자세, 기질을 말해.

'S'는 Skill, 일의 숙련도야. 일에 반드시 필요한 도구, 방법론을 얼마나 잘 다루는가의 문제지. 스킬 향상은 비교적 간단해. 실제로 많이 해 보면 돼. 'OJT(on the job training)', 즉 일을 하면서 자연스레 숙련에 이르게 되지. 팀에 도제식 훈련이 가능한 멘토, 코치 역할의 선배가 있다면 금상첨화야.

'K'는 Knowledge, 지식이야. 일과 관련된 이론, 이슈, 트렌드 등 모든 종류의 정보를 망라해. 지식 역시 스킬과 마찬가지로 역량의 중요한 요소이지만, 충분조건은 아니야. 인풋이 부족하면 양질의 아웃풋이 나올 수 없듯 스킬과 지식이 부족하면 일을 잘할 수 없지만, 스킬과 지식이 뛰어나다고 자동적으로 일을 잘하게 되는 건 아니란 말이야. 지식습득 역시 개인의 노력이 무엇보다 중요해. 이 일을 잘하기 위해 갖춰야 할 지식은 무엇인지 끊임없이 탐구하고 트렌드를 좇을 수 있어야 해.

결국 '일을 잘 한다'는 의미는 '재능이 있는 사람이 일에 대해 올바른 태도를 가지고, 관련 스킬과 지식을 꾸준히 갖춰나가는 일련의 과정과 결과' 정도로 정리할 수 있어.

약점 말고 강점!

'A.I'라는 혁신 방법론이 있어. 인공지능 아니고 'Appreciative

Inquiry', 감사의 마음으로 긍정 영역을 탐구한다는 뜻이야. 기존의 혁신 방법론이 단점이나 문제점에 집중해 그 원인을 찾고 솔루션을 제안하는 문제 해결식이었다면, A.I는 조직과 개인의 강점과 긍정적인 면을 찾아 강화하는 방향으로 설계되어 있어.

이 방법론의 기본 가정은 단점이나 약점은 아무리 개선하려고 노력해 봐야 최고 수준으로 끌어올리기는 불가능하다는 전제야. 단점, 약점에만 집중하다 보면 스스로를 문제시하고, 상대를 깎아내리고, 무엇보다 재미도 없어서 지치기 쉽고 결국 진정한 변화에는 이르지 못한다는 문제 의식에서 출발해. 대신 원래부터 잘하던 것, 편한 것, 잠재력 있는 것을 찾아 거기에 모든 자원을 쏟아부어 최고 수준으로 끌어올리면 단점, 약점 또한 자연히 개선된다는 논리지.

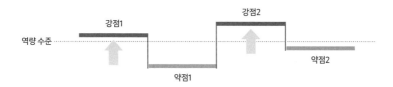

실제 현장에서 A.I 방법론을 적용해 보면 생각만큼 쉽지는 않아. A.I는 4D, Discovery ⋯▸ Dream ⋯▸ Design ⋯▸ Destiny라는 프로세스로 진행되는데, 다소 은유적인 데다 미래 이미지를 그려 보는 등 익숙하지 않은 방식이야. 자연히 이성적 사고, 문제해결 접근방식에 익숙한 직장인들에게는 생소하고 어려운 도전일 수밖

에 없어.

물론 희망은 봤지. 첫 번째 세션인 'Discovery'는 우리의 강점, 장점을 찾는 과정으로 꽤나 신선한 충격을 선사했어. 조별로 팀원들이 자신의 장점을 모두에게 공개하고 옆에 앉은 사람이 대신 그 장점을 말해 주는 세션이야. 대부분의 참석자가 처음에는 어색해했어. 이유를 물었더니 단 한 번도 자기 자신의 장점, 그러니까 자기 자랑을 많은 사람 앞에서 해 본 적이 없다더군. 그런데 사실 진짜 문제는 자신의 장점이 뭔지 제대로 아는 사람이 별로 없다는 점이었어.

일단 물꼬가 트이니 세션 전체는 금세 활기를 띠었어. 1시간이 10분처럼 훅 지나가고도 열기가 식지 않아 쉬는 시간까지 반납했을 정도니까. 장점과 잘하는 것을 찾아 집중할 때 재미도 있고 보람도 있고 쉽게 지치지 않는다는 사실을 분명히 확인한 시간이었지. 절반의 성공.

그 이후의 과정 역시 수월하지는 않았지. 뭘 어떻게 바꾸고 싶은지 대략적인 방향, 즉 꿈을 꾸고 그것을 구체적인 이미지로 표현하고 현실화를 위한 실행 방안을 디자인하는 과제는 쉽지 않았어. 머릿속에 있는 것들을 숫자, 데이터로는 표현해 봤어도 손에 잡히는 이미지로 그리고, 구체적인 언어와 문장으로 표현하는 연습은 거의 해 본 적이 없기 때문이야. 그럼에도 8시간의 전체 과정 종료

후, 참석자 대부분은 새롭고 참신한 경험이었다고 입을 모았어.

문제는 긍정적인 영역을 탐구하는 혁신 방법론에 대한 최고 경영진의 인식이었어. 한가하게 자기 자랑이나 하며 잡담할 시간이 없다는 거야. 철저히 숫자와 데이터에 입각해 이성적인 전략을 세우고 빠르게 이행하는 것만이 정답임을 철석같이 믿고 있는 사람들이었지. 중장기적 관점에서 구성원 개개인의 장점과 강점을 찾고 개발하는 일에는 별 관심이 없고, 오로지 눈앞의 성과만을 추종하는 분위기 속에 A.I 혁신 실험은 단 1회로 종료되고 말았지.

조직과 개인 모두 강점은커녕 약점조차 제대로 파악하지 못한 상태로 대부분의 업무를 관습적이고 수동적으로 꾸역꾸역 쳐내기 바쁘다면, 우리가 그 일의 과정과 결과에서 얻을 수 있는 건 대체 무엇일까?

잘 모르겠다면 뭘 할 때 즐거운지, 어떤 일을 할 때 내가 배우고 있고, 또 성장하고 있다고 느끼는지를 곰곰이 생각해 봐. 그 여정의 끝, 커리어의 최종목적지에 나는 어떤 모습으로 도달해 있을지 그리는 연습도 꾸준히 해 봐. 내 장점, 강점이 무엇이지 지금의 내 일과 연계해 단 한 가지라도 조직 전체에 선명히 각인시킬 수만 있다면 그 과정 자체가 강력한 피드백이 되어 내 분야의 스페셜리스트로서 우뚝 설 수 있을 테니.

하드웨어 3

피지컬
: 헬스 1년치 끊고
한 달도 못 가는 이유

 2~30대의 나는 내 몸이 금광불괴쯤 되는 줄 알았어. 교육, 조직
문화 업무 특성상 주 3~4일은 뒤풀이를 가장한 회식이 많았는데,
거의 매회 3차는 기본이었으니까. 원체 술자리를 좋아하기도 했
고, 일종의 술부심도 있었어. 그게 다 몸 망가뜨리는 자해행위나
다름없다는 사실도 모르고 말이야. 어리석었지.

 건강에 경고등이 들어온 건 40대에 들어서면서부터였어. 정
기검진에서 이상 신호가 하나둘 잡히더라고. 혈당은 정상범위인
100을 살짝 넘어 당뇨 전 단계에 들어섰고, 혈압도 높아졌어. 또
어느 해는 지방간 수치가 높고, 다른 해는 콜레스테롤 수치가 높
고, 부위별로 돌아가며 경고등이 켜지기 시작했지.

 "원래 마흔 넘으면 다 그런 거야. 나는 혈압, 혈당은 기본으로 달고

살아."

퇴근길에 우연히 마주친 다른 팀 선배에게 사정을 털어놓았더
니 대수롭지 않은 말투로 웃어넘겼어. 중년 직장인의 훈장 같은
것이라고도 했지. 선배는 별일 아니라는 듯 씩 웃더니 이렇게 말
했어.

"오랜만에 봤는데 술이나 한잔하자."

그날도 아마 3차까지 마셨던 것 같아.

성인이 된 이후 내 체중은 67kg에서 ±2kg 사이를 벗어나 본 적
이 거의 없어. 20대 훈련병 시절 70kg 초중반에 이른 적은 있지
만, 전역 후 다시 원상태로 돌아왔지. 키는 179.8인데 키에 비해
저체중에 가까워. 비만이 아니면서 일정하게 유지되는 체중이 건
강을 보증하는 확실한 증거는 아니지만, 잦은 술자리에 딱히 운동
을 하는 것도 아닌데 체중은 큰 변동이 없으니 방심하게 되더라고.
사실 40대 초중반에는 아슬아슬했어. 간헐적으로 돌아가며 켜
지던 경고등이 동시다발로 켜지기 시작했으니까. 겉으론 멀쩡해
보였지만 속이 병들어 가다 못해 임계점에 이르렀던 모양이야. 생
각지도 못한 공황증세까지 생겨 1년 가까이 시달리면서 몸과 마
음은 사실상 만신창이가 됐어. 마치 빚을 갚으라며 찾아온 사채

업자처럼, 닥치는 대로 마시고 운동도 하지 않고 되는대로 살아온 지난 삶에 대한 계산서를 들이밀더라고.

몸과 마음이 망가지니 일도 안되고 인간관계도 나빠지기 시작했어. 짜증이 늘고 안 그래도 삐딱한 심성이 더 삐딱해지고 악순환이 이어졌지. 인상 또한 심술궂은 고양이상이 돼버렸어.

상황이 호전된 건 퇴사 이후였어. 회식이 (강제로) 사라지고, 업무로 인한 스트레스가 없어지고, 무엇보다 백수처럼 보이지 않기 위해 하루하루를 계획하고 능동적으로 보내기 시작하니 차츰 회복되더라고.

평일 아침 7시면 어김없이 기상해. 간단한 스트레칭으로 시작해서 팔 굽혀 펴기 400회, 스쿼트 200회, 아령 150회의 운동량을 5년 넘도록 유지하고 있어. 직장인 시절 늘 시도했지만, 번번이 실패했던 운동루틴을 마침내 가지게 됐어.

그러자 불면증, 만성피로 같은 이상증세들도 서서히 사라졌어. 특히 아무런 이유도 없이 심장이 뛰고 식은땀이 나고 급기야 죽을 것 같은 극심한 공포에 빠지는 공황증상은 확연히 좋아졌지. 팔다리는 가늘고 배만 불룩 튀어나온 ET 체형도 나름 균형이 잡혔어. 물론 피트니스센터에 등록해 PT를 받고 체계적으로 몸을 가꾼 보디빌더에 비하면 보잘 것 없지만, 체지방은 빠지고 근육량은 상당히 늘었지. 여전히 내 체중은 67~8kg을 유지 중이야.

몸과 마음의 상태가 괜찮아지면서 글 쓰고 책 읽는 본업에도 더 집중할 수 있게 됐어. '몸이 재산'이란 말을 실감하겠더라고. 20대 청춘이라면 특별히 몸에 대해 걱정하는 일은 별로 없겠지만, 결국 이때의 행동습관들이 쌓여 몸과 마음의 '질병'이라는 결과로 나타난다는 사실을 안다면 조금 더 현명하게 현재를 관리할 필요가 있어.

"이기고 싶다면 네 고민을 충분히 견뎌줄 몸을 먼저 만들어. 정신력은 체력의 보호 없이는 구호 밖에 안 되는 거야!"

드라마 〈미생〉에 나오는 대사야. 어린 장그래의 바둑 스승님이 들려주는 체력에 관한 조언은 50에 가까워지는 요즘 더 와닿더라고. '건강한 신체에 건강한 정신이 깃든다'라고 하지. 맞아. 건강을 잃으면 다 무슨 소용이야.

문제는 우리 직장 환경이 좀처럼 여유 시간을 갖기 어렵게 만든다는 데 있어. 연초만 되면 건강이든 자기계발이든 거창한 계획을 세우지만, 한 달도 안돼 포기하는 이유는 개인의 '의지력'이 부족해서가 아니야. 업무의 불확실성과 심각한 비효율 때문에 도무지 예측 가능한 시간 활용이 어렵기 때문이야.

좋아지고는 있지만, 대다수 기업 경영진의 사고방식은 여전히 전근대적인 '근면 성실'에 머물러 있어. 그저 오래 자리를 지키는 것만으로 '저 친구 일 잘한다'는 인식은 여전하고, 이는 집단의식으로 작용해 어지간히 용기 있고 자의식 투철한 사람이 아니라면, 속절없이 그런 분위기에 휩쓸리고 말아.

연초에 끊어둔 1년짜리 헬스클럽 'PT'를 받기 위해 칼퇴를 몇 차례 시도해 보지만, 매일 야근하다시피 하는 동료, 선배들이 주변에 널렸다면 의식을 안 할 수 없지. 튀는 소수가 무색무취의 다수를 거슬러 그 특질을 유지하기란 정말이지 불가능에 가까워.

조직 전체가 움직이지 않으면 개인이 할 수 있는 일은 별로 없어. 업무 시간 내 효율을 극대화해 정시 퇴근이 표준이 된 조직에서는 야근이 비표준이고, 불성실, 혹은 무능력의 메시지로 작동해. 그 반대라면 정규 업무시간은 늘어진 고무줄마냥 느슨해지고 야근이라는 형식으로 가득 채워지면서 일의 양과 질이 반비례하는 모순에 빠지고 말아.

관건은 일의 불확실성, 예측 불가성을 얼마나 잘 컨트롤 할 수 있느냐에 달렸어. 이는 개인과 조직의 실력과 집중력의 문제로 연결되고, 또 건강한 신체와 마인드의 문제로 촉발돼. 개인의 건강 문제는 결코 개인의 선에서 끝나지 않아. 조직 전체의 성과 혹은 퍼포먼스와 밀접하게 연결되어 있어.

내 직장의 업무환경이 비교적 예측 가능한 편이라면 다행이지. 그때는 의지력만 있으면 나 자신에 대한 투자가 얼마든지 가능해. 만약 이런 상황에도 개인 시간을 활용하지 못하고 있다면 그건 그냥 핑계일 뿐이고 스스로 게으른 탓이라고 여기는 게 맞지.

'루틴'이란 어떤 형태든 단 한 번의 어긋남만으로도 그 항상성이 깨지기 쉬워. 하물며 루틴 자체가 없던 직장인이 개인의 여유 시간에 관대하지 않은 업무환경이라는 거대한 장벽을 극복하고, 퇴근 후 자신만의 라이프 스타일을 유지할 가능성은 그다지 높지 않아. 그때는 업무환경에 대한 이해를 토대로 스스로 결정할 수 있어야 해. '나에게 무엇이 가장 중요하고 또 중요하지 않은가?', '무엇을 해야 하고 또 하지 말아야 할 것인가?'를 선명히 알고 행동으로 옮길 수 있어야 한다는 말이야.

뭘 더 할지가 아니라, 뭘 버려야 할지를 아는 것

사회 심리학의 아버지라 불리는 쿠르트 레빈Kurt Lewin은 변화의 메커니즘을 다음과 같은 3단계로 제시했어.

정말로 변화하고 싶다면 무엇을 해동할 수 있는가? 즉, 내가 가진 것 중 무엇을 먼저 포기할 수 있는가를 결정하고 실제 행동으로 옮길 수 있어야 해.

중요하지도 않고 우선순위도 아닌 일에 쫓겨 허덕이고, 야근을

밥 먹듯이 하는 삶 속에서 여유를 찾을 방법이란 없어. 왜 하는지에 대한 진지한 고민도 없이 시키는 일을 수동적으로 처리하는 데급급하다 보면, 이게 내게 필요한 일인지, 중요한 일인지 알지 못한 채로 기계적인 하루하루에 매몰될 수밖에 없어.

'중요도와 긴급도'라는 두 기준으로 일을 체크해 봐. 중요하지도 않고 긴급하지도 않은 일들이 분명 보일 거야. 이 일들은 어떻게든 내 삶에서 제거해야 해. 하기 싫은 일을 하지 않기 위해서가아니라 내 본업, 잘하는 일에 집중하기 위해서야. 더 많은 R&C를투입하기 위한 전략적 선택인 셈이지. 그 일은 누가 대신해 주지않아. 스스로 찾고 주변을 설득해 그 누구도 아닌 내 일상을 의미있는 일들로 가득 채워야 하지.

그러면 이제 온전히 나를 위한 시간과 여유가 조금씩 생겨. 주말 내내 소파와 한 몸이 되는 일도 차츰 줄어들어. 주중 무의미한일에 시달리다 번아웃에 빠지지 않기 때문이야. 그냥 늘어지거나아무것도 하지 않는 시간 역시 분명 필요하지만, 그게 전부가 되어서는 곤란해. 숨돌릴 틈도 없이 빼곡하게 일주일을 채우라는 의미가 아니야. 제대로 비워내면 틈이 생기고, 내 주도로 채워 넣고빼는 주체적 일상이 가능하도록 만들라는 말이야.

건강을 좌우하는 또 하나의 환경은 바로 식습관이야. '매일 먹는 것들이 나를 만든다'라는 말이 있지. 평소 식습관 자체를 바꾸는 것만큼 효과적인 게 없어. '탄단지' 영양소에 따라 골고루 먹는 습관은 말할 것도 없고, 한 끼 정도는 건너뛰는 간헐적 단식도 괜찮아. 이런 말도 있지. '인간은 평생 먹을 양이 정해져 있는데 그 양을 다 채우면 죽는다'. 과식의 위험성을 상징적으로 표현한 섬뜩한 경고야. 먹는 즐거움도 좋지만, 얻는 게 있으면 잃는 것도 있다는 냉엄한 진리 역시 잊지 마.

술자리 역시 의식적으로 조절해야 하는 식습관에 가까워. 술도 술이지만 밤늦은 시간까지 쉴 새 없이 섭취하는 안주가 특히 치명적이기 때문이야. 내 경우 잦은 술자리에 익숙해진 탓에 술자리가 없는 평상시 저녁에도 야식을 찾는 습관이 생기더라고.

되도록 팀 회식에는 참여하되 1차만 마치고 빠져나오는 습관을 갖는 게 좋아. 2차, 3차로 이어져 술에 잔뜩 취해 나누는 대화치고 생산적인 경우는 거의 없어. 매일 비슷한 부류의 사람들과 그 얘기가 그 얘기인 뻔한 대화를 통해 얻을 거라곤 공허함과 지독한 숙취, 내장 기관의 혹사뿐이야.

2차, 3차까지 동참하지 않았다고 팀 십이 없다느니 공동체 의식이 없다느니 하는 리더가 있다면, 가뿐히 무시해. 그 사람이 내 건강을 책임져 주지는 않아. 중요하지 않은 것, 버려야 할 것들에 휘둘려 정작 가장 중요하고, 절대 버리지 말아야 할 것에 집중하지 못하게 되는 우를 범해선 안 돼.

주 2회, 30분 일상에 스며들듯 운동하기

운동, 힘들지. 안 해 본 사람이 맘먹고 10분만 해 보면 알게 돼. '이게 보통 일이 아니구나' 하고 말이야. 새해맞이 50% 행사에 혹해 1년짜리 피트니스 이용권을 등록하고, 1개월도 못 채우고 돈만 날리는 이유 중 하나이기도 하지.

처음엔 큰 욕심 내지 말고 가볍게 시작해. 주 2회 퇴근 후 30분이면 충분해. 고작 그 정도로? 싶겠지만 실제 해 보면 그 정도 유지하기도 결코 쉽지 않아. 관건은 지속적으로 유지할 수 있느냐야. 운동의 강도를 낮추거나 시간을 더 짧게 가져가도 되지만 '매주 2회를 유지한다'라는 원칙만은 지키라고. 잠자기 직전 단 1회 푸시업이라도 매일 꾸준히 유지만 한다면, 아예 아무것도 하지 않은 사람에 비해 심혈관 질환 발생 위험이 몇 배나 감소한다는 실험 결과도 있으니 말이야.

주 2회 30분 원칙에는 사실 트릭이 있어. 실제로는 주 4회지만 마치 주 2회인 것처럼 뇌를 속이는 셈이지. 수요일 하루를 건너뛰면 돼. 그러니까 월화, 목금 이렇게 마치 주 2회씩만 하면 되는 것 같은 착각을 일으키게 되는 거야. 게으른 나 역시 이 방법으로 4년이 넘도록 운동 루틴을 유지하고 있어.

관점만 조금 바꾸면 일상생활에서도 운동은 얼마든지 생활화할 수 있어. 가까운 거리는 되도록 걸어 다녀봐. 지하철이나 버스

한두 정거장 정도는 일부러 그전에 내려서 걷는 거지. 따로 시간을 낼 필요도 없고, 굳이 의지력을 발휘할 필요도 없는 그야말로 패턴화가 된다면 그 자체로 의미가 커. 이 루틴은 또 다른 이점이 있어. 조금 빠른 속도로 걸으며 머릿속 생각을 정리할 수도 있고, 주변 풍경과 지나다니는 사람들을 관찰하며 계절감이나 시간의 변화 등을 느끼다 보면 감수성도 풍부해져.

차라리 10분, 20분 조금 더 빨리 도착해서 쉬는 게 더 큰 가치라고 생각할 수도 있지. 하지만, 제대로 된 운동을 하려면 더 긴 시간을 내야 하고, 이런저런 장비와 의상을 갖추려면 꽤나 귀찮고 큰 의지력이 소모된다는 점을 감안하면, 이토록 손쉽게 행동으로 옮길 수 있고, 짧은 시간을 투자해 효과를 낼 수 있는 운동 습관이 또 있는지 나는 잘 모르겠어. 그만한 시간을 들일 가치는 충분하다고 생각해.

가볍게 툭, 그렇게 시작해 보라고.

퍼스널브랜딩 채널
: 내 값어치, 함부로 판단하지 마라

17년 직장 생활에서 얻은 게 있다면, 평생 몸담고 싶은 내 분야를 찾았다는 점이야. '조직문화'를 가장 오래 하기도 했고, 무엇보다 적성에 맞았기 때문이야. 그런데 회사를 나와 프리랜서이자 전문 작가로서 세상에 서보니 알겠더라고. '우물 안 개구리'였다는 사실을. 나 정도의 경력과 전문성을 가진 사람은 흔했으니까.

"에이, 그거 다 아는 내용이잖아요."

다양한 기업의 조직문화 담당자들을 클라이언트로 만나보면 호락호락한 사람은 없더라고. 그들을 압도할 '필살기'가 절실했지. 다행히 나만의 방식으로 '조직문화'를 다뤄봤다는 자부심만큼은 확고했어. 일하는 동안 그룹 방침과 이전 방식은 일부러 피했지.

폼이 안 나더라고. 청개구리 같았지. 우리만의 언어를 고안하고 직관적인 브랜딩으로 세부 프로그램을 기획해 하나하나 이행하는 재미에 푹 빠졌어.

그중 'BeaNBe all New'이라는 조직문화 프로그램은 관계사 6곳에서 벤치마킹을 요청해 왔을 만큼 인상적인 성공을 거두기도 했어. 물론 수많은 실패와 좌절의 순간도 있었지만, 그때마다 오히려 누구도 무시할 수 없는, 자타공인 최고의 전문가가 되고 말겠다는 오기가 생겼지. '조직문화' 씬에서 만큼은 내 값어치를 높이고 싶었어.

그때 생각한 카드가 '책 출간'이었지. 주로 점심시간, 퇴근 후 시간을 활용해 틈틈이 원고를 썼고, 약 6개월 만에 A4 100페이지 분량의 원고를 완성했어. 나는 단어를 조합해 새로운 의미를 만드는 언어 유희를 좋아하는데, 조직이 갖춰야 할 네 가지 중요 요소를 'D'라는 알파벳으로 묶어 '회사 조직을 D.Sign(디.자인)'한다는 콘셉트를 만들었지. 나름 참신하다 자신했지만 결과는 좋지 않았어.

그래도 성취감은 있었지. 이전에도 종종 글쓰기에 도전했지만, 끄적거리다 말기가 수차례였어. 하지만 처음으로 원고를 완성했으니 절반의 성공이라고 여겼어. 다음엔 더 잘 쓸 수 있겠다는 자신감도 생겼지.

꿈이 실현된 건 그로부터 약 6년 후, 퇴사한 지 만 2년이 되던 시점이었어. 퇴사 후 '조직 행동'과 '인간 내면'에 대해 본격적으로 공부하면서 '소시오패스'라는 개념에 관심을 갖게 됐고, 직장인 시절 직접 겪은 불편한 존재들을 빗대어 살펴보다가 '아~ 이 사람은 그래서 그랬구나'라는 뒤늦은 깨달음을 글로 쓰기 시작했어. 원고는 금세 완성이 됐고, 투고를 통해 인생 첫 책을 출간하게 됐지.

　그래서 인생이 바뀌었냐고? 아니. 놀랄 만큼 아무 일도 일어나지 않았어. 원고도, 책의 완성도도 만족스럽지 않았거든. 책은 자연히 잘 팔리지 않았어. 약 1년 후에는 두 번째 책을 출간했어. 조직의 네 가지 펀더멘탈을 '밑 MEET'이라는 콘셉트로 묶어 원고를 완성했고 역시나 투고를 통해 책으로 출간됐어.

　다행히 두 번째 책은 어느 정도 팔렸어. 이번엔 인생이 조금 달라졌어. 출간 직후 메이저 신문사 인터뷰도 했고, 뉴스 전문 방송사에도 출연하고, 이런저런 강연 요청과 워크숍 진행 제안을 받아 제법 돈도 벌었어. 직장인 시절 받던 연봉에 비할 바는 아니지만, 내 글이 돈이 되는 경험은 그 자체로 신선했어. '조직문화 전문가'로서, '작가'로서 내 값어치가 조금은 높아졌다는 사실을 실감할 수 있었지.

　그런데 딱 거기까지였어. 여전히 무명에 가까운 이름값 탓일까. 책에 대한 관심은 금세 사그라들었고, 인세와 간헐적으로 한두 건씩 들어오는 강연만으로는 도저히 생계를 유지해 나갈 수준이 아니었어. 책 한 권 냈다고 전문성을 인정받는 건 아니더란 말이야. 최소 10쇄 이상 베스트셀러 반열에 올라 여기저기 불려 다니지 않는 이상, 누구나 다 아는 내용을 재탕 삼탕하는 유사 전문가 취급을 받더라고.

그제야 내 채널의 필요성을 절감했지. 내 실력을 먼저 기르고 경쟁력 있는 콘텐츠를 만들어 내는 일도 중요하지만, 내가 누군지, 또 내가 가진 것은 무엇인지 꾸준히 알릴 수 있는 채널 역시 못지않게 중요하다는 사실을 미처 몰랐어. 책 한 권 내면 그 자체로 채널이 되어 나를 알리고 내 값어치를 올릴 수 있을 것이란 생각은 대단한 착각이었어.

내 값어치는 누가 매기는 걸까? 확실한 건 나 자신은 아니란 거야. 대략 '어느 수준이구나' 스스로 짐작해 볼 수는 있지만, 내 이름값만으로 먹고살아야 하는 프로의 세계라면 그 분야의 시장, (예비)고객의 시선에 의해 결정될 수밖에 없어. 적어도 이름값을 얻기 전까지는 틀림없는 '을'의 위치일 수밖에 없지.

경쟁력 있는 상품, 뛰어난 서비스, 가치 있는 콘텐츠는 성공을 위한 필요조건이지 충분조건은 아니야. 당연히 갖춰야 할 기본일 뿐 그 자체만으로는 성공에 이를 수 없다는 말이야.

'소리'는 공기 중에 발생한 음파를 '귀'라는 신체기관을 통해 대뇌에 전달하는 과정에서 구체적 실체로 인지하는 청각 정보야. 아무도 없는 산속에 거대한 나무가 넘어졌다고 가정해 보자고. 이때 나무가 넘어지며 만들어지는 음파는 '소리'라고 할 수 있을까?

마케팅 이론 중 '퍼널 이론'이란 게 있어.

대략 이런 프로세스인데, 4단계인 것도 있고, 단계별 이름도 조금씩 다르긴 하지만, '퍼널 이론'의 본질은 모두 같아. 어떤 상품, 서비스 등을 판매하려면 먼저 시선을 끌어 '인지Awareness'하게 하고, 다음 단계로 유도해 최종적으로 퍼널에 남은 (예비)고객이 '구매'라는 행동으로 전환토록 한다는 점이야.

결국 퍼스널 브랜딩이란 '나 여기 있소!' 목이 터지게 외쳐서 먼저 주목하게 만들고, '네가 누군데?'라는 시선을 끌어 하나하나 들여다보게 만드는 일이야. 이때 자신만의 채널이 없다면 (예비)고객을 머무르게 할 수 있을까?

  채널은 단순히 어떤 상품이 있고 그것을 어떻게 구매할 수 있는 지를 알려줄 뿐만 아니라, 내가 누구고, 어떻게 성장해 왔고, 어떤 전문성을 가진 사람인지 그 스토리를 들려주고 유대감을 나눌 수 있는 지점이기도 해. 나만의 고유한 스토리야말로 차별화의 본질이자 내 몸값을 높이는 가장 효과적인 도구임을 알아야 해.

  책도 쓰고 강연도 하고 이 정도면 '내가 뭘 하는 사람인지, 뭘 가졌는지 알겠지?' 싶겠지만, 아니! 그 정도로는 어림도 없어. 정말 좋은 걸 가졌더라도(비록 혼자만의 착각일 가능성이 더 높지만) 지겨울 정도로 주변에 알리고, 내가 가진 것들이 구체적으로 어떤 도움을 주는지 진정성을 담아 콕 짚어주지 않는 이상, 스스로 다가와 나를 알아봐 주는 기적 따위는 결코 일어나지 않아.
  그게 아니라면 남은 방법은 딱 하나 있어. 최근 노벨문학상을 수상한 한강 작가급 실력을 갖추면 돼. 그보다는 내 채널을 만들어 꾸준히 콘텐츠를 쌓아가는 일이 비교할 수 없을 만큼 쉽지 않겠어?

내 값어치를 세상에 알리는 일이야

  본업을 접고 인플루언서가 되라는 말이 아니야. 내가 어떤 사람인지, 뭘 잘하는지, 어떤 콘텐츠를 갖고 있는지를 끊임없이 세상에 알리라는 거야. 그리고 이왕이면 일쩍 시작해. 지금은 몰라도 40대 50대에 이르면 내 가족과 친구들, 지인들 몇 명에게 알려진 수준으로는 내 이름값만으로 먹고살기 힘들어지기 때문이야.

어디 내놓기 부끄러운 수준일지라도 괜찮아. 모든 게 준비된 완벽한 사람이 원하는 바를 별 어려움 없이 이뤄내는 스토리만큼 지루한 서사는 없어. 뭔가 부족하고 결핍이 있는 주인공이 어떤 계기로 지금까지와는 다르게 살겠다는 목표가 생기고, 온갖 어려움을 이겨내면서 하나 둘 이뤄나가는 이야기에 공감하고 열광하는 법이야. 부족함과 결핍이 크면 클수록, 방해물과 적대세력이 강하면 강할수록 스토리는 더 몰입감을 주고 주인공의 성공을 열렬히 응원하게 되어있어.

퍼스널 브랜딩은 거창한 개념이 아니야. 개인적으로 퍼스널 브랜딩과 관련해 가장 큰 영감을 받았던 채널은 바로 MoTV*야. 이 채널의 주인장 모춘은 디자이너야. 네이버 계열 '라인'이라는 회사에서 디자인, 마케팅 관련 경험을 쌓았고, 퇴사해 '모베러웍스'라는 브랜드를 만들었어. 퇴사 직후 찍었다는 첫 영상은 B급 아니 C급도 못돼 보였어. 그런데 눈길이 가더라고. 퇴사 후 막막한 심경이 날것 그대로의 모습으로 고스란히 전해졌기 때문이야. 어떤 기

＊ https://www.youtube.com/@MoTVshow

교도 없이 초점도 제대로 안 맞는 카메라를 쳐다보며 담담히 도달하고 싶은 미래를 이야기하는 모습이 인상적이었어.

무엇보다 '모춘'이라는 인물이 매력적이었어. 디자인, 마케팅이라는 자기 분야가 확실했고, 특히 디자인 실력만큼은 출중해 보였어. 아무것도 없는 무無에서 조금씩 의미 있는 무언가를 만들어 가는 과정을 거칠지만, 진솔한 태도로 풀어내면서 찐 팬들을 빠른 시간에 모을 수 있었지. 결국 '모베러웍스'라는 회사와 '모춘'이라는 개인 퍼스널 브랜딩, 두 마리 토끼를 다 잡는 데 성공했어. 지금은 핫한 성수동에 전용 극장도 짓고, 승승장구하는 모양이야. 첫 영상을 유튜브에 올린 지 불과 5년 만의 일이야.

아무리 콘텐츠가 좋아도 그걸 누군가에게 전할 효과적인 채널이 없다면 무용지물이야. 요즘 같은 시대에 입소문으로 알음알음 전해지려면 수십 년이 걸릴지도 모를 일이야.

다시 말하지만, 당장 회사를 그만두고 본격 유튜버가 되라는 말이 아니야. 내가 어떤 사람인지 정의하고, 내가 평생 몸담을 분야를 찾고, 실력을 키우고, 콘텐츠를 만들라는 말이야. 그리고 그걸 어떤 식으로든 보여주고 증명하라는 말이야. 내가 가진 것, 알게 된 것, 앞으로 할 것들을 차곡차곡 쌓다 보면 그에 관심 있는 사람들이 하나둘 모이고 소통하면서 끝없이 확장하는 나만의 우주를 창조하게 돼.

내게 맞는 채널은 어딘가 반드시 있어

다양한 채널의 시대야. 유튜브를 위시해 인스타, 페이스북, 블로그, 브런치 등등 사실상 나를 알릴 채널들은 여기저기 널렸지. 그런데 생각해 봐. 막상 자신만의 채널을 만들어 일정 기간 유지하는 사람은 얼마나 될까? 당장 내 주변부터 둘러봐도 글쎄, 딱히 떠오르지 않아.

'이미 레드오션이라', '일이 바빠서', '그런 데 관심 없어서'라는 갖가지 이유로 시작도 하지 않는 사람이 여전히 대부분일 거야. 이 말은 곧 일단 시작만 해도 소수집단에 들어갈 확률이 높아진다는 말이 돼. 조금 힘내서 1년 이상 유지할 수만 있다면 그중에서도 꽤 큰 가능성을 가진 개인 채널을 확보하는 셈이야.

'글'이 더 편하다면 브런치를 추천해. 광고나 그 외에 눈을 어지럽히는 요소 없이 오직 글에만 집중하도록 UX가 최적화되어 있고, 글을 저장하기에도 유용해. 글을 쓰려면 심사를 받아야 하는데, 이 절차가 '여기는 아무나 글을 쓸 수 없는 곳'이라는 약간의 권위를 만들어주기도 해.

단점 역시 분명해. 우선 서비스 모체인 '다음'이 메인스트림이 아니라는 점이야. 네이버나 구글에 비해 글의 노출 기회가 원천적으로 적을 수밖에 없어. 가장 큰 단점(어떤 면에선 장점이기도 한)은 콘텐츠가 'only 글'이라는 점이야. 손꼽히는 네임드 작가가 아닌 이상 처참한 조회수와 '좋아요'의 숫자에 좌절하게 될지도 몰라. 브런치 가입 초창기에는 무슨 이유에서인지 곧잘 에디터 픽을 받아 수천에서 수만 단위 조회수를 기록하기도 하고, 생각보다 많은 '좋아요'를 받으면서 이게 무슨 일인가 싶겠지만, 딱 거기까지야.

정말 글을 좋아하는 사람이 아니라면 의욕에 넘쳐 글을 몇 번 썼다가 금세 지칠 수 있어. 조회수가 폭발했다고 금전적 이득이 생기는 것도 아니야. 종종 '출간 제의'를 포함해 다양한 형태의 제의가 들어오기도 하고, 성공한 사례가 없는 편은 아니지만, 일반적이라고 볼 수는 없어. 잘 알려지지 않은 누군가의 일상에 관심을 갖는 사람은 생각보다 많지 않거든.

활동적인 편이고, 돈 버는 글쓰기에 더 관심이 많다면 블로그를 활용해. 블로그 역시 관건은 확고한 내 콘텐츠와 지속성이야. 검색이 잘 되는 키워드를 중심으로 글을 쓰는 능력도 중요하지만, 무엇보다 독자들이 알고 싶어 하는 정보를 구체적으로 담아낼 수 있어야 해.

글쓰기보다는 사진이나 짧은 영상 등 비주얼에 관심이 많다면 인스타가 적합해. 평소 자신의 일상을 공개하는 정도로는 어렵고, 인스타 역시 하나의 테마를 잡아 일관된 톤앤매너로 지속할 수 있어야 해.

그렇지만 뭐니 뭐니 해도 유튜브를 따라갈 수 없어. 물론 쉽지는 않아. 겉으로만 보면 레드오션처럼 보이기 때문이야. 방송사도, 연예인도, 유명 인플루언서도, 심지어 권위 있는 대학교수들까지 뛰어든 마당에 평범한 일반인들이 끼어들 틈 따위는 없어 보여. 분야 최고의 전문성을 갖추거나 웬만큼 독특한 콘셉트가 아닌 이상 성공은커녕, 지속하기도 쉽지 않다는 시각이 지배적이야. 그렇다면 이미 늦은 걸까?

'스토리'라는 이름의 100만 유튜버는 재밌는 실험을 했어. 유튜브는 정말 레드오션일지, 이름 없는 무명은 정말 성공하기 힘든지 직접 실험해 보기로 했어. '스토리'는 자신의 정체를 숨기고 완전히 새로운 계정*을 만들었어. 이름도 대충 랜덤으로 짓고 콘텐츠 또한 본 계정과는 완전히 다른 영역인 '마인크래프트'라는 게임을 주제로 게임 영상과 비법을 알려주는 채널을 만들었지. 그렇게 첫 쇼츠 영상을 만들어 올린 지 3개월 만에 10만 구독자를 돌파했어. 지금은 150만에 육박해 있더라고.

물론 '스토리'는 엄격한 의미에서 완전한 무명은 아니야. 그래서 철저히 자신의 정체를 숨기고 오직 실력만으로 승부를 보려 했고, 스스로도 '정말 될까?'라는 의문을 품으며 실험을 시작했어. 결국 예상보다 빠른 시간에 목표를 초과하면서 실력만 있으면 제로부터 시작해도 얼마든지 성공적인 채널 키우기가 가능하다는 사실을 직접 증명해 냈어. 본 계정을 백만 채널로 키우는 동안 습득

＊ https://www.youtube.com/@%EC%9D%B4%EB%B9%84%EC%98%A8

한 노하우야말로 이름값 없이도 성공할 수 있다는 자신감, 즉 실력의 실체였던 셈이지.

설사 도전해서 실패한들 또 어때? 딱히 돈 드는 것도 아닌데. 그 일에 쏟아부은 시간과 열정, 노력이 아깝다 여길지 몰라도 그 과정에서 배운 게 있다면 완전한 시간 낭비라고 할 수 있을까? 해보고는 싶은데 '레드오션'이라는 남의 말만 듣고 머뭇거린다면 지체된 그 시간이야말로 오히려 낭비가 아닐까?

내 값어치를 증명할 내 채널 만들기, 지금 당장 시작해 보자고!

錄 Out

『이제 막 시작하는 새파란 신입에게』는
퇴사한 사십 대의 '내'가
입사한 이십 대의 '나'에게 전하는
매콤 쌉싸름한 짠소리입니다.

달디달디단 '꿀팁'같은 건 없어요.

신입이라면 갖춰야 할 세 가지 격_格을 '직'이라는 동음이의어로 묶
었죠.

첫 번째 '직'은 곧을 직直, 자기 자신으로서 '곧게 서야 한다'는 의미
를 담았어요. 무엇보다 나 스스로가 뭘 좋아하고 싫어하는지, 뭘

잘하고 못하는지, 내가 어떤 사람인지부터 제대로 알고, 욕망이나 감정 등 내적 작용을 잘 컨트롤 할 수 있어야 한다는 내용을 주로 다뤘어요.

두 번째 '직'은 짤 직織, 마치 질 좋은 날실과 씨실이 서로 짜여 하나의 명품 옷감이 만들어지듯, 직장이라는 조직 사회 역시 개성 있고 뛰어난 개개인이 모여 빈틈없이 팀을 이룰 때 비로소 강력해진다는 점을 말하고 싶었어요. 더불어 함께 일하는 가치에 대해 '공감 능력'과 '관계 맺기'의 두 가지 챕터로 나누어 이야기했지요.

세 번째 '직'은 직무 직職, 우리가 일하는 이유는 '먹고살기 위해서'라는 경제적 이유도 크지만, 결국은 내가 나로, '내 이름값으로 진정한 자유를 얻기 위함'이 아닌가 싶어요. 그러려면 내 분야를 먼저 찾고, 그 분야의 전문가가 되는 길밖에는 없죠. 글쓰기 능력, 마인드, 태도와 같은 내적 소프트웨어와 그것들을 온전히 담을 수 있는 외적 하드웨어를 균형 있게 갖추는 노력이 중요하다는 점을 강조했어요.

17년간의 직장 생활은 2~40대 내 인생의 황금기를 관통한 가장 소중한 시간이었어요. 그 안에서 겪은 성공과 실패, 기쁨과 슬픔, 성취감과 패배감과 같은 총체적인 경험의 궤적을 돌아보니 그때는 보이지 않았지만 이제야 보이는 것들이 있을 수밖에 없지요.

그 인식을 가지고 '20대의 나로 다시 돌아간다면 조금 더 잘 살았을까?'라는 질문으로 글을 썼습니다. 통찰이라기엔 민망하지만, 지난 시간을 먼저 살아본 경험자로서 그 20년을 압축해 잘 전달할 수 있다면, 적어도 관점의 폭 하나를 넓혀주는 정도의 가치는 분명히 있다고 믿었어요. 물론 100% 정답이라고도 할 수 없죠.

'아! 그때의 당신은 그랬고, 이렇게 하면 괜찮을 거라 생각했구나. 일리가 있네. 그렇게 해 봐야겠어.'라고 생각할 수도 있고,
'아! 그때의 당신은 그랬고, 이렇게 하면 안 된다고 생각했구나. 그런데 지금 내 경우에는 아닌 것 같은데? 또 다른 제3의 방법을 찾아 봐야겠어.'라고 할 수도 있죠.

"산은 산이고 물은 물이다."

故 성철 스님의 말씀인데요. 처음엔 이게 무슨 당연한 소리인가 싶었죠. 숨은 뜻이 있을 거라고는 생각했지만 그뿐이었어요. 그러던 어느 날, 우연히 듣게 된 철학 강의에 또다시 그 말씀이 언급됐는데 가만히 곱씹다 어느 순간 '아!' 하는 나만의 깨달음에 이르렀던 기억이 있어요.

처음엔 보이는 게 전부죠. 말 그대로 '산은 산이고 물은 물'일 뿐이에요. 그런데 살다 보니 '어? 내가 알던 산이 그 산이 아닐 수 있겠네?' 싶을 때가 있어요. 잘 안다고 믿었던 누군가에게서 처음엔

미처 알지 못했던(긍정이든 부정이든) 무언가를 보게 된 경우와 같습니다. 그래서 '산은 산이 아니고, 물은 물이 아니었네?' 합니다.

그 단계에서 조금만 더 깊이 나아가면 또 어느 순간에는 내가 배척하고 외면했던 또 다른 대상에게서 내가 바라던 것, 혹은 보고 싶어 하는 면이 발견되기도 하는 거예요. 이번에는 '산은 물이고, 물은 산이었구나'로 나갑니다. 그 새로운 대상에 흥미가 생겨 관찰하고, 부닥치고, 생활반경 안으로 들어가 겪어보니 또다시 익숙해집니다.

그러다 문득 한동안 뒷전이었던, 그렇지만 늘 그 자리에 있던 최초의 대상이 다시 눈에 들어옵니다. 마치 오래된 책상 속 서랍에서 먼지를 뒤집어쓴 일기장을 발견한 것처럼 그날로 돌아가 뭔가 아련해집니다. 굳이 일기장을 펼쳐 넘겨보지 않아도 그 안에 쓰인 게 무엇인지 이미 알고 있다는 사실을 깨닫게 됩니다. 그리고는 "아, 산은 산이고, 물은 물이었구나." 합니다. 이때의 문장은 시작 지점에서의 문장과 토씨 하나 틀리지 않고 완벽히 일치하지만, 그 속에 담긴 것은 이제 전혀 다른 의미가 됩니다.

흐름도로 그려 보면 이런 모양이에요.

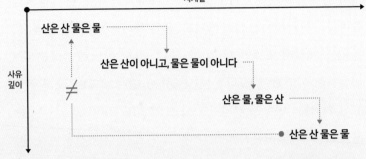

'산은 산이고 물은 물이다'라는 일견 뻔해 보이는 명제는 일정 시간과 꽤 진지한 사유의 과정을 거쳐 비로소 손에 얻게 된 하나의 정제된 결과물인 셈이죠. 정답이라고는 할 수 없지만, 성자의 명언을 내 방식대로 받아들인 나만의 깨달음, 즉 해답이 됩니다. 그 자체로 힘이 생기죠.

신입 여러분 앞에 당장 주어진 모든 명제는 대부분 '산은 산 물은 물'이라는 표면적 당위에 그칠 겁니다. 그 자체로 이견도 없고, 완성된 형태로 보이겠지만, 뻔하고 재미는 없죠. 이미 다른 사람이 생각하고 행동해서 만들어 놓은 결과물일 뿐이니까요. 그 안에 꽤나 쓸만한 것들이 들어 있을지도 모르지만 오롯이 내 것은 아니에요.

아무 생각 없이 따르다 보면 어느 순간 알게 됩니다. '어? 이건 나랑은 안 맞는 것 같은데?', '왜 이걸 이렇게 해야 하는지 잘 모르겠는데?' 그런 의문이 든다면 이제 어떤 명제든 나만의 방식으로 사유하고 행동해야 한다는 시그널이 주어진 겁니다. 그 시점이나 깨달음의 형태는 천차만별일 테지만, '왜'라는 호기심과 내 주관을 세우려는 야성을 잃지 않는 한, 반드시 대답해야 할 시점이 오고야 맙니다.

그렇게 찾은 대답이야말로 거대한 조직의 일개 '부품'으로 전락하지 않고 '나'라는 주체로 우뚝 설 수 있는 강력한 무기가 됩니다.

당장 답을 찾지 못해도 괜찮아요. 그 과정에서 얻은 것들은 무궁무진할 테니. 지름길도 없고 돌아갈 길도 없습니다. 묵묵히 나아가는 수밖에요. 싫든 좋든 그 과정을 겪어내고 얻어내는 것만이 그 무엇과도 바꿀 수 없는 나만의 자산이 됩니다.

20년 전 새파란 신입이었을 나에게 심심한 애정과 진심을 담아 전합니다.

부디, 직격하세요!